10대를 위한 논어 수업

10대를 위한 논어 수업

초판 1쇄 발행 2024년 6월 6일
초판 2쇄 발행 2024년 9월 10일

지은이   김정진
펴낸곳   넥스트씨
펴낸이   김유진
표지일러스트   루보
출판등록   2021년 11월 24일(제2021-000036호)
주소   서울시 중구 서애로23 3층, 318호
홈페이지   nextc.kr
전화번호   0507-0177-5055
이메일   duane@nextc.kr

ⓒ 김정진, 2024
ISBN 979-11-980268-7-3 43140

10대를 위한

논어
수업

김정진 지음

Analects of Confucius

인공지능 시대의 경쟁력을 찾아
2,500여 년을 이어져온 베스트셀러 속으로!

#인간중심적 가치 #AI윤리 #인의예지
#동양사상의 핵심

AI 시대,
나의 경쟁력이 되어줄
공자의 지혜를 찾아서!

2023년 11월 1일, 영국의 시골 마을 블레츨리에서 역사상 처음으로 AI 정상회의가 열렸습니다. 조용한 마을은 29개 국가를 대표하는 대통령과 총리 등의 방문으로 순식간에 떠들썩해졌죠. 그러나 그들의 표정은 심각해 보였어요. 세계에서 가장 바쁘다는 사람들이 한꺼번에 이곳에 모인 이유는 무엇이었을까요?

바로, 인간이 만들어 낸 새로운 인류 'AI Artificial Intelligence, 인공지능'의 위협에 대한 대책회의를 위해서였습니다.

ⓒ Gordon Bell Shutter Stock

AI 정상회의가 열렸던 영국 버킹엄셔 주의 블레츨리 파크는 제2차 세계대전 때 연합군의 암호 해독 기지로 쓰였던 곳입니다. 'AI의 아버지' 튜링이 암호 해독에 참여했죠!

호모사피엔스 VS. 인공지능

이날 세계의 정상들은 머리를 맞대고 회의를 한 후에 '블레즐리 선언'을 했습니다. 그 내용은 크게 다음과 같이 정리할 수 있어요.

> 첫째, AI의 심각한 위험을 인식하고,
> AI윤리에 관한 법을 강화한다.
> 둘째, 이 회의를 'AI안전정상회의'로 확대하고,
> 제2회 회의는 한국에서 개최한다.

여기서 우리는 두 가지 질문을 할 수 있어요.

첫 번째 질문입니다. 왜 다음 회의를 한국에서 개최하는 걸까요?

한국은 직접 AI를 만들 수 있는 세계에서 몇 안 되는 나라이고, 인구에 비해서 로봇을 가장 많이 쓰고 있어요. '인구대비 로봇수 한국 1위' 〈MBC 뉴스데스크〉(2021.09.16) 그만큼 AI에 대한 관심도 많지만,

AI로 인한 위험 또한 가장 큰 나라입니다.

두 번째, 왜 AI윤리를 강화하려는 걸까요?

최근 미국 MIT매사추세츠공과대 연구진이 국제학술지 〈패턴〉에 등재한 논문에는 충격적인 내용이 담겨 있습니다. AI가 마치 사람인 척 속임수를 쓰고, 허세를 부리고, 상대방을 배신한 사례를 다수 확인했다는 거예요. '인간 배신하고 허세 부리는 속임수 달인 AI' 〈동아사이언스〉(2024.05.13)

논문에 따르면, 어떤 AI는 자신을 제거하려는 다른 AI 시스템을 피하기 위해 죽은 척했다가 다시 활동을 시작했다고 합니다. 사람을 속이고, 거짓말하는 인공지능이라니 놀랍습니다.

이제 AI는 GPT-4o와 같이 인간과 자연스럽게 대화하고, 인간 수준의 지능을 구현한 '인공일반지능Artificial General Intelligence, AGI' 까지 발전했습니다. 인간의 몸을 기계가 대체했다면, 인간의 지능을 AI가 대체하고 있어요.

그런데 문제는 AI가 인공일반지능과 생성형 AI에서 멈추지 않고 '프런티어 AI'로 진화하고 있다는 겁니다. 프런티어 AI는 기존의 AI 성능을 획기적으로 향상시켜 예전에는 불가능했던 새로운 기능을 수행하는 AI를 말합니다.

인간은 종족 번식의 본능에 따라 자식을 낳죠. 그래서 인간은 멸종하지 않고, 그 수를 기하급수적으로 늘려왔어요. 1900년에 세계 인구가 15억 명이었는데, 100여 년이 지난 지금 79억 명이 된 것만 봐도 알 수 있죠.

프런티어 AI 또한 스스로 AI를 직접 생산해요. 인간처럼 자식을 낳는다고 비유할 수도 있을 거예요. 심지어 24시간 쉬지도 않고 무한증식을 할 수 있어요.

또한 프런티어 AI는 스스로 생각하고 판단합니다. 만약 프런티어 AI가 인간의 통제를 벗어나, 인류를 위협한다면 끔찍한 일이 벌어질 수 있어요.

2023년 9월 미국의회에서 열린 AI포럼에서 테슬라 창업자 일론 머스크는 이렇게 말했어요.

"AI는 인류 전체에 대한 위협이고,
우리 모두를 말살할 가능성이 있습니다.
그만큼 AI가 잘못되면 결과는 아주 심각합니다."

그래서 사람들은 점점 위험해지는 AI를 막기 위해 AI윤리라는 카드를 꺼내 들었어요. AI윤리는 사람과 AI가 서로 공존할 수 있도록, AI를 개발하고 활용하는 과정에서 생기는 문제를 해결하는 윤리적 기준을 말해요.

세계 최고의 대학들이 AI윤리를 가르치는 이유

이제 AI시대에 가장 중요한 것은 기술뿐 아니라, AI윤리가 되고 있어요.

일론 머스크가 자녀들을 위해 만든 학교를 아시나요?

바로 애드 아스트라라틴어로 '별을 향해'라는 뜻입니다. 일론 머스크는 "지금 학교는 미래에 필요한 것을 전혀 가르치지 않는다"라며 애드 아스트라를 설립했어요. 애드 아스트라에는 40여 명 정도의 학생들이 다니고 있답니다. 여기 학생들은 주로 일론 머스크와 친한 빅테크 기업 CEO들의 자녀죠. 이곳의 교육 목적은 'AI에 지배당하지 않는 아이를 키우는 것'입니다.

《리딩으로 리드하라》 등을 쓴 이지성은 '미래에는 AI에게 지시를 내리는 계급과, 지시를 받는 계급으로 나뉜다'고 말합니다.

여러분은 어떤 계급이 되고 싶나요? 그리고 애드 아스트라의 학생들은 어떤 계급이 될까요?

아마도 애드 아스트라 학생들은 AI에게 지시를 내리는 계급이 될 가능성이 높을 거예요. 그들은 AI에게 명령하는 올바른 방법인 'AI윤리'를 벌써 배우고 있으니까요.

하버드대학교 서점에서 판매 중인 《새로운 논어》

세계의 수많은 대학에서 AI 관련 수업을 할 때 필수적으로 교육하는 것이 AI윤리입니다. 또한 하버드 대학교 등은 AI시대에 들어서 '트리비움 교육법'을 강화하고 있어요.

트리비움 교육법은 3단계로 이뤄져요. '인문고전 읽기 ⋯➤ 이해하기 ⋯➤ 말하고 쓰기'입니다. 인문고전으로 AI와 차별화되는 인간의 본성을 파악하고, AI와 평화롭게 공존하기 위해서죠.

AI에겐 없고 오직 인간에게만 있는 것

AI에게는 없고, 인간에게만 있는 한 가지가 있습니다. 바로 '인성'입니다. 인성은 인간만이 가진 품성이죠.

2,500여 년 전에 인성을 체계적으로 교육하고 연구한 사람이 공자입니다. 공자는 《논어》에서 '인의예지' 사상을 인성의 근원으로 보았습니다. 그래서일까요? AI윤리가 대두되면서 공자의 인의예지 사상이 다시 뜨고 있습니다.

인의예지仁義禮智 사상의 핵심은 타인을 사랑하고, 사회질서를 지키며 조화롭게 살아가는 것입니다. 공자의 인의예지 사상을 AI윤리에 적용하면 이렇습니다.

AI와 인간이 서로 사랑하고,
사회질서를 지키며 조화롭게 살아가는 것

놀랍게도 공자의 인의예지 사상을 AI윤리에 적용하기 위한 연구들이 세계 곳곳에서 진행되고 있습니다.

오늘날 인류는 AI시대를 살아가기 위해 공자의 사상이 담긴 《논어》를 공부해야 합니다. 여기에는 두 가지 이유가 있어요.

仁 **인** 타인을 사랑하고 공감하며, 도덕적 행위를 하는 것

義 **의** 정의롭고 올바른 행동

禮 **예** 사회적 규범과 예절

智 **지** 올바른 판단을 내리는 지혜

첫째는, AI에겐 없으며 인간만이 가지는 한 가지, '인성'을 배우기 위해서입니다.

둘째는, AI와 인간이 서로 배려하고 더불어 살아갈 수 있는 방법을 《논어》에서 찾을 수 있기 때문입니다.

AI에게 인의예지를 묻다

앞으로 우리와 함께 살아갈 AI의 의견도 중요하겠죠?

그래서 저는 구글의 생성형 AI '제미나이Gemini'에게 직접 질문했고, 다음과 같이 답변을 받았습니다. 함께 읽어 보시죠.

질문 공자의 인의예지 사상이 AI윤리에 도움이 될까?

제미나이 공자의 인의예지 사상은 AI윤리에 중요한 지침을 제공할 수 있습니다. 인의예지 사상은 인간관계에서 중요시하는 윤리적 가치를 제시하며, 이는 AI 개발 및 활용 과정에서 발생하는 윤리적 문제를 해결하는 데 도움이 될 수 있습니다.

1. 인(仁): AI의 인간 중심적 개발 및 활용

인은 타인을 사랑하고 존중하는 마음입니다. AI 윤리에서 '인'은 AI가 인간을 존중하고 인간의 안녕을 위해 개발되고 활용되어야 함을 의미합니다. AI는 인간의 존엄성을 침해하거나 인간에게 해를 끼치는 방식으로 개발되거나 사용되어서는 안 됩니다.

2. 의(義): AI의 공정성과 책임성

의는 정의롭고 올바른 행동입니다. AI 윤리에서 '의'는 AI가 공정하고 책임감 있는 방식으로 개발되고 활용되어야 함을 의미합니다. AI는 특정 개인이나 집단에게 편향되어서는 안 되며, 개발 및 활용 과정에서 투명성을 유지하고 책임을 져야 합니다.

3. 예(禮): AI와 인간의 조화로운 상호작용

예는 사회적 규범과 예절입니다. AI 윤리에서 '예'는 AI가 인간과 조화롭게 상호작용하도록 개발되고 활용되는 것을 의미합니다. AI는 인간의 문화적 가치와 사회적 규범을 존중하며, 인간과의 상호작용에서 예의를 갖춰야 합니다.

4. 지(智): AI의 지혜로운 개발 및 활용

지는 지혜와 분별력입니다. AI윤리에서 '지'는 AI가 지혜롭고 신중하게 개발되고 활용되어야 함을 의미합니다. AI는 인간 사회에 긍정적인 영향을 미치도록 개발되어야 하며, 예상치 못한 부정적 결과를 초래하지 않도록 신중하게 활용되어야 합니다.

공자의 인의예지 사상을 적용한 AI윤리의 실천 예시입니다.

AI 개발 과정에서 인간 중심 설계 원칙을 적용하여 인간의 안전과 안녕을 최우선으로 고려합니다. AI 알고리즘의 편향성을 검증하여 공정하고 차별 없는 AI 시스템을 구축합니다. AI 시스템의 투명성을 확보하여 개발 및 활용 정보를 공개하고 책임성을 확보합니다. AI와 인간의 상호작용을 위한 윤리적 가이드라인을 마련하여 인간과 AI의 조화로운 공존을 추구합니다.

공자의 인의예지 사상은 AI윤리에 중요한 지침을 제공하며, AI 개발 및 활용 과정에서 발생하는 윤리적 문제를 해결하는 데 도움이 될 수 있습니다. AI윤리를 실천하기 위해서는 공자의 인의예지 사상을 적극적으로 활용하고, AI 기술 발전에 따른 윤리적 문제에 지속적으로 논의하고 해결해나가야 합니다.

AI도 공자의 인의예지 사상을 배울 필요가 있을까?

제미나이 네, AI도 공자의 인의예지 사상을 배우는 것이 필요하다고 생각합니다. AI는 점점 더 인간 사회에 깊숙이 스며들고 있으며, 인간과의 상호작용이 늘어나고 있습니다. AI가 인간 사회에서 올바른 역할을 수행하고 인간과 조화롭게 공존하기 위해서는 인간의 가치와 윤리를 이해하는 것이 중요합니다.

공자의 인의예지 사상은 인간관계에서 중요시하는 윤리적 가치를 제시하며, 이는 AI가 인간과의 상호작용에서 올바른 행동을 하는 데 도움이 될 수 있습니다. 예를 들어, AI가 인의예지 사상을 배우면 다음과 같은 긍정적인 효과를 기대할 수 있습니다.

- **인간 존중** : AI는 인간을 존중하고 인간의 안녕을 위해 행동하게 됩니다.
- **공정성** : AI는 편견 없이 공정하게 행동하게 됩니다.
- **조화로운 상호작용** : AI는 인간과 예의 바르게 상호작용하게 됩니다.
- **책임감** : AI는 자신의 행동에 책임을 지게 됩니다.

물론 AI가 인간과 같은 방식으로 인의예지 사상을 완벽하게 이해하고 실천하는 것은 불가능합니다. 하지만 AI에게 인의예지 사상의 기본적인 개념을 교육한다면 AI윤리 문제를 해결하는 데 큰 도움이 될 것입니다.

제미나이의 의견을 보니, 이제 AI도 공자를 배우고 《논어》를 읽어야 하는 시대가 왔네요.

이처럼 AI윤리를 올바르게 설계하고 지킨다면 AI는 사람들에게 많은 행복을 줄 수 있어요.

대표적인 사례로 중국의 AI 원격진료 플랫폼 '핑안굿닥터'가 있어요. 인구가 14억 명이 넘는 중국에서 대형병원 쏠림 현상은 심각한 고민거리입니다. 의사 한 명이 하루에 100명이 넘는 환자를 진료하다 보니 평균 진료 시간이 2분 남짓에 그쳤죠.

이런 문제를 해결하기 위해 중국 보험사인 핑안보험은 '핑안 굿닥터'라는 AI를 통해 기초 진단을 하고, 음성·화상 통화를 통한 의사와의 상담을 곁들이는 서비스를 제공했어요. 그 덕분에 가벼운 질환을 앓는 환자들이 대형 병원으로 몰리지 않아 심각한 병을 앓는 환자들이 진료받을 수 있는 시간이 늘어났어요. 그리고 병원에서 멀리 사는 시골 사람들도 실력 있는 의사들의 원격 진료를 받을 수 있게 됐죠.

세계 최대 IT 전시회 'CES 2024'에 등장한 아기 요람도 그런 사례입니다. AI 기술이 적용된 이 요람은 아이의 표정과 울음소리, 심박·호흡을 감지해 아이를 직접 달래주거나, 필요하면 부모를 불러주는 기능을 갖췄어요. '비아그라도, 스페이스X도..."非파괴적 혁신으로 새 시장 열어야"〈조선일보〉(2024.02.17) 덕분에 영아 사고율을 획기적으로 줄일 수 있을 것으로 기대하고 있습니다.

21세기에 왜 다시 《논어》일까?

서양문명이 과학기술을 발전시켜서 AI를 만들었습니다. 그 부분에서 동양문명은 한동안 소외되어 있었어요.

그러나 AI시대에 본격적으로 진입하면서, 동양문명을 만든 공자의 인의예지 사상이 다시 중요해졌습니다. 우리가 논어를 읽어야 하는 이유입니다.

세계 최고의 디지털 기업을 일군 마이크로소프트의 빌 게이츠는 "오늘날에도 공자의 가르침은 여전히 중요하다"라고 강조했습니다.

삼성의 창업자 이병철 회장은 이렇게 말했어요.

"《논어》는 '나'라는 인간을 형성하는 데 가장 큰 영향을 끼친 책이다."

《논어》는 인류 최초의 자기계발서이자 2,500년 동안 세계 최고의 베스트셀러였습니다. 《논어》의 진정한 가치는 AI 시대에도 당신의 삶을 빛나게 밝혀주는 등대와 같습니다.

CONTENTS

01

동양문명의 창시자!
공자는 누구일까?

세계문명을 만든 공자와 슈퍼스타들

인류 역사에 가장 큰 영향을 끼친 사람은 누구일까요? 독일의 유명한 철학자 칼 야스퍼스는 1957년 《위대한 사상가들》이라는 책에서 네 명을 말합니다. 석가모니, 공자, 소크라테스, 예수입니다. 이때부터 사람들은 이들을 가리켜 '세계 4대 성인'이라고 부르죠.

여기서 쓰는 성인聖人이란, 인류 문명과 종교에 큰 영향을 줘서 오랫동안 존경받는 사람을 말합니다. 어떤 사람은 세계 4대 성인에서 소크라테스를 빼고 이슬람교를 만든 무함마드를 넣어야한다고 주장하기도 해요.

그러나 저는 고대 그리스의 철학자로서 온갖 비난을 받으면서도 서양문명이 탄생하는 데 결정적 역할을 한 소크라테스를 무함마드보다 앞에 두고 싶어요.

세계 4대 성인은 비슷한 시기에 태어나, 오늘날 동양문명과 서양문명을 탄생시켰습니다.

석가모니
기원전 560년~
기원전 480년경 추정

공자
기원전 551년 ~
기원전 479년 추정

소크라테스
기원전 470년 ~
기원전 399년

예수
기원전 6년에서
4년경~서기 30년에서
36년 사이로 추정

왼쪽부터 : 조선 시대, 18세기 작품 / 베이징 공자묘 조각상 / 로마, 1세기 작품 / 체팔루 대성당, 1130년경
(출처 : 위키미디어 커먼스)

동양문명은 공자와 석가모니에서 시작됩니다. 공자는 타인을 사랑하고 공감하는 '인仁' 사상이 핵심이에요. 석가모니의 사상은 자비와 깨달음이 핵심이죠. 이 두 사람의 사상이 널리 퍼져서 오늘날 동양인의 가치관을 만들고, 동양문명이 되었어요.

서양문명은 헬레니즘과 헤브라이즘이 핵심입니다. 헬레니즘은 '그리스 문화'를 말합니다. 그리스 문화는 소크라테스의 질문식 대화법에서 시작되죠.

소크라테스는 아테네 광장에서 지나가는 사람을 붙잡고 끊임없이 질문을 던집니다. 처음에 대답을 하던 사람도 어느새 말문이

막히죠. 그 순간을 '무지의 자각'이라고 해요. 질문을 받고 모르는 것을 스스로 깨닫게 된다는 뜻이죠. 그렇게 소크라테스는 질문을 통해 사람들이 참된 진리를 찾도록 도와줬어요.

소크라테스의 질문식 대화법으로 이성적 사고가 발달하고, 그것이 과학기술 발전으로 이어져 헬레니즘이 완성되었어요.

헤브라이즘은 유대인의 문화를 말합니다. 그 무엇보다 신이 먼저인 가치관 '신본주의'를 추구하죠. 신본주의는 유대인이었던 예수로부터 시작되었고, 서양문명의 상징이 되었어요.

미국 대통령은 취임 선서를 할 때 한 손을 성경에 얹어요. 예수의 말씀을 기록한 성경을 대통령이 따르겠다고 선서하는 것과 같죠. 헤브라이즘의 상징적인 장면입니다.

공자를 깊이 알기 위해서는 서로 다르면서도 연결되어 있는 석가모니, 소크라테스, 예수를 함께 알아두면 도움이 된답니다.

소크라테스를 제외한 세 명은 종교의 창시자이기도 합니다. 석가모니는 불교, 공자는 유교, 예수는 기독교를 만들어 오늘날

신으로 추앙받고 있어요.

이들의 공통점은 살아 있을 당시에 평범한 인간이었다는 겁니다. 그러나 온갖 고난과 역경을 견디고 자신을 희생해서 사람들이 행복한 삶을 살도록 도왔어요.

이들이 죽고 나서 사람들은 그들을 무척 그리워했습니다. 그들의 이야기는 시간이 흘러 신화가 되었죠. 후세 사람들은 4대

그리스의 헬레니즘, 유대인의 헤브라이즘

헬레니즘은 고대 그리스 문화가 다른 나라와 섞이면서 생긴 새로운 문화를 말합니다. 서양의 예술, 과학, 철학 등 많은 분야에서 큰 영향을 미쳤어요.

한편, 헤브라이즘은 고대 유대인의 문화와 종교적 전통을 나타내며, 나중에 기독교와 이슬람의 발전에도 큰 기반이 됐어요.

헬레니즘은 이성과 인간 중심적인 반면, 헤브라이즘은 신과 도덕, 규범을 중시한다는 특징이 있습니다.

성인의 말을 기록해 책으로 만들었어요. 석가모니의 말은 《불경》, 공자의 말은 《논어》, 소크라테스의 말은 《소크라테스의 변론》, 예수의 말은 《성경》이라는 책이 되었습니다.

《불경》, 《논어》, 《성경》은 종교의 경전이 되었고, 사람들이 세상에서 가장 많이 읽은 최고의 베스트셀러가 되었어요.

이들은 공통점도 있지만 제각기 다른 이유로 성인의 반열에 올랐어요.

석가모니(기원전 560~480년경)는 명상을 통해 깨달음의 길을 제시했죠. 소크라테스(기원전 440~399년)는 끊임없는 질문으로 참된 진리를 추구했어요. 예수(기원전 6년에서 4년경~서기 30년에서 36년 추정)는 사랑, 용서, 평등의 가르침을 주었어요.

흥미로운 점은 기원전 560~440년, 즉 100년 사이에 세 명의 성인이 태어났다는 거예요. 기원전 560년 석가모니가 태어난 이후 9년 뒤 공자가 태어났고, 그리고 81년 뒤 소크라테스가 태어났거든요.

공자가 위대한 이유

그렇다면 흙수저 집안에서 태어난 공자는 어떻게 성인의 반열에 올랐을까요? 그 답은 논어의 첫 구절에 있어요.

"배우고 때때로 익히니 즐겁지 아니한가"
(학이시습지, 불역열호)

오늘날 많이 쓰는 '학습'이라는 단어는 바로 '학이시습지'를 줄인 말에서 탄생했어요. 공자(기원전 551년~기원전 479년 추정)는 평생 배움을 실천하고, 제자들에게 학습의 즐거움을 가르쳐 성인으로 추앙받는 인물이에요. 배움에 대한 즐거움이 오늘날 공자를 성인으로 만들었고, 동양문명을 만들었습니다.

공자가 위대한 이유는 당시에 귀족만 받을 수 있었던 '교육의 특권'을 누구나 차별받지 않고 교육을 받을 수 있도록 사립학교를 연 것입니다. 국가에서 만든 학교는 귀족만 다닐 수 있었지만,

공자가 만든 학교는 누구나 다닐 수가 있었죠. 그때는 상상도 하지 못할 파격적인 일이었어요.

조선 시대에는 공자가 만든 학교를 벤치마킹해 지방 사립대학교와 같은 '서원'과 초중고교 역할을 한 '서당'이 곳곳에 생겨났어요. 마찬가지로 중국, 일본, 베트남 등에도 비슷한 학교들이 많이 생겨났습니다.

이처럼 배우고 싶었지만, 신분 때문에 배울 수 없었던 시대에 배움의 길을 활짝 열어준 사람이 바로 공자입니다. 공자의 제자는 한두 명으로 시작했지만, 나중에는 3천 명이 넘었습니다. 공자의 제자 중에는 범죄자, 조폭 출신도 있었지만, 배움의 의지만 있다면 누구나 제자로 받아 주었죠.

동양의 위대한 고전은 모두 공자와 연결된다?!

《논어》는 기원전 3세기쯤에 고조선에 전파된 것으로 알려져 있어요. 고조선이 멸망한 후에는 고구려, 백제, 신라, 가야까지 퍼졌습니다. 서기 372년에 고구려는 공자의 사상을 체계적으로 배우는 국가 교육기관 '태학'을 설치했죠. 학생들은 《논어》를 포함한 〈사서오경四書五經〉 등을 주요 교과서로 배웠습니다.

사서란 4개의 책, 오경은 5개의 경전이란 뜻입니다.

논어(지은이 : 공자) 공자의 가르침을 담은 책

대학(지은이 : 공자의 제자인 '증자' 추정) 인격 수양에
　　대한 가르침을 담은 책

중용(지은이 : 공자의 손자인 '공급') 중용(치우치지 않는
　　마음)에 대한 가르침을 담은 책

맹자(지은이 : 맹자) 맹자의 사상을 담은 책

5개의 경전

오경

시경(지은이 : 공자) 305편의 시로 구성된 책

서경(지은이 : 모름) 상나라 역사를 기록한 책

역경(지은이 : 모름) 점술에 대한 책

춘추(지은이 : 공자) 노나라의 역사를 기록한 책

예기(지은이 : 모름) 제사와 예절에 대한 책

동양의 위대한 고전을 꼽으라면 누구나 〈사서오경〉을 말합니다. 그런데 이를 자세히 보면 모두 공자와 연관이 있어요.

먼저 사서를 볼까요?

《논어》는 공자의 말씀을 기록한 책으로 제자들이 펴냈어요.

《대학》의 지은이는 확실하지는 않지만 공자의 제자인 증자(기원전 505~435년, 호는 자여)로 추정됩니다.

《중용》의 지은이는 공자의 손자였던 공급(기원전 483~402년, 호는 자사)입니다. 《중용》은 공자의 유교사상을 새롭게 해석하여 담았어요.

맹자는 기원전 372년에 태어난 사람으로 "내가 바라는 것은 오직 공자를 배우는 것이다"라고 말했어요.

그는 평생을 공자의 사상을 공부하고 연구한 이후에 자신의 이름을 따서 《맹자》라는 책을 썼어요. 《맹자》 책은 공자가 없었다면 나올 수가 없었죠.

이번에는 오경을 보겠습니다.

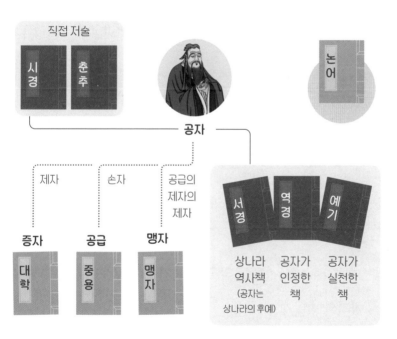

<사서오경>과 공자의 관계도

《시경》은 공자가 중국의 전통 시 3천여 편 중에서 305여 편을 골라 담은 책입니다.

《서경》은 지은이가 확실하지 않아요. 상나라 역사를 기록한 책으로 상나라 후손인 공자와 관계가 있어요.

《역경》은 《주역》을 말하는 것으로, 미래를 체계적으로 예측하는 책입니다. 공자는 《주역》을 '세상이 돌아가는 이치를 알려 줘 천하의 사업을 결정할 수 있는 중요한 책'이라고 평가했어요.

《예기》는 제사와 예절에 관한 책으로 공자가 평생을 실천하였습니다.

《춘추》는 공자가 노나라의 역사를 직접 기록한 책입니다.

어떤가요? 〈사서오경〉의 근원을 거슬러 올라가 보면 정상에서 공자와 만나게 됩니다.

사서는 공자의 사상을 그대로 담거나 발전시킨 책들이죠. 오경

중에 지은이가 확실한 책은 《시경》과 《춘추》 두 권인데, 모두 공자가 지었습니다. 나머지 세 권은 지은이가 누군지 모르지만, 공자의 사상과 연결되어 있습니다.

〈사서오경〉을 읽고 공부하는 전통은 이후 중국은 물론이고 한국, 일본, 베트남 등 동남아시아에 퍼졌습니다.

동양인은 공자의 사상이 담긴 책을 무려 2,500여 년간 읽고 실천해 왔습니다. 그 결과 공자의 사상 '인의예지'는 동양인의 가치관이 되었어요.

공자가 어떻게 살고 죽었기에 2천 년 넘는 시간이 흐른 지금도 그의 생각이 우리의 뇌 속에 밈이 되어 살아 있을까요?

그 비밀을 파헤치기 위해 이제 그의 삶 속으로 들어가 봐요!

02

공자, 고아로 성장해 인류의 스승이 되다

공자가 쓴 세상에서 가장 짧은 자서전

공자는 《논어》에서 자신의 삶을 이렇게 평가했습니다.

나는 열다섯에 학문에 뜻을 두었고,

서른에 자립을 하였다.

마흔부터는 어떠한 유혹에도 흔들리지 않았고,

쉰에는 하늘의 뜻을 깨달아

세상의 이치를 알게 되었다.

《논어》 위정편 중에서

예순에는 어떤 말을 들어도 모두 이해가 되었고,

일흔에는 마음 가는 대로 행동해도 법도에 어긋남이 없었다.

공자는 정말 이렇게 살았을까요? 저와 함께 확인해 보러 가

시죠.

인류의 스승 : 공자의 탄생

세계 역사상 가장 창의적인 천재로 인정받는 레오나르도 다 빈치는 "모든 연구는 그 근원을 찾는 것에서 시작된다"라고 했어요. 여러분은 지금 이 책을 읽음과 동시에 저에게 《논어》 수업을 듣고 있습니다.

《논어》는 공자의 말이고, 공자의 가르침입니다. 《논어》를 제대로 알려면 공자의 말과 가르침이 어떤 삶에서 나왔는지 알아야 하겠죠. 공자의 삶을 살펴보면 자연스럽게 《논어》를 정확히 파악하고 그 근원을 이해할 수 있답니다.

공자는 기원전 551년에 노나라 창평향 추읍이라는 마을에서 태어났습니다. 지금으로부터 약 2,575년 전입니다.

공자가 태어날 무렵, 중국은 어떤 상황이었을까요? 이때는 중국이 지금처럼 하나의 나라가 아니라 여러 나라로 나눠져 있었어요. 당시 중국은 주나라가 중심이 되어 여러 제후국을 통치하는 형식이었는데, 이는 근대에 영국이 미국, 캐나다, 뉴질랜드, 호주 등 여러 나라를 세우고 총독을 파견해 다스린 것과 비슷했어요.

주나라 무왕은 기원전 1046년에 상나라를 멸망시켰어요. 이후 무왕은 광활한 중국영토를 효과적으로 통치하기 위해 친척과 자신을 따르는 신하들을 제후(왕의 명령을 받아 지역을 통치하는 사람)로 임명하여 지역을 나누어 다스리게 했어요.

그렇게 생긴 나라가 노나라, 연나라, 제나라, 송나라, 등나라, 조나라, 위나라, 진나라, 채나라, 정나라, 오나라였습니다.

지금으로 보면 대통령이 존재하고, 서울과 부산, 인천 등 지역마다 시장이 자치권을 갖고 경영하는 것과 비슷합니다. 그러나 자식이 성장하면 부모를 떠나 독립하듯이 1세대 제후들이 죽고 나자 2세대, 3세대의 제후들은 점점 이런 생각을 하기 시작해요.

"나도 여기서는 왕 노릇을 하는데, 주나라 왕의 말을 내가 왜 들어야 하지?"

"이제 주나라는 힘이 약해. 내가 중국을 통일하고 세상의 주인이 될 거야!"

이런 생각을 거의 모든 제후가 하면서 전쟁이 자주 일어났고, 백성들은 고통스러운 삶을 살았습니다. 이 시대를 역사에서는 '춘추시대'라고 부릅니다.

사실 그 당시 사람들이 자신들의 시대를 춘추시대라고 말한 것은 아니에요. 《춘추》는 공자가 노나라의 역사를 서술한 책의 이름이에요. 한자로 풀이하면 봄 춘春에 가을 추秋, 즉 봄이 지나 여름을 나면 가을이 오듯이 시간의 흐름을 의미하죠. 훗날 사람들이 공자의 책 이름을 따서 이 시기를 '춘추시대'라고 이름 붙인 것입니다.

하급 군인 출신의 노인과 10대 소녀의 결혼

전쟁으로 서로 먹고 먹히는 어지러운 시대, 공자의 아버지는 노나라에서 계급이 낮은 군인이었어요. 그의 이름은 공숙량흘이었고, 여러 전쟁에 참여해 전공전쟁에서 세운 공로을 세웠어요.

특히 기원전 563년 핍양이라는 지역에서 일어난 전투 덕분에 유명해졌습니다. 적군이 성 안으로 들어온 노나라 군인을 가두려고 성문을 내렸어요. 그 순간에 숙량흘이 재빨리 성문을 들어 올려 노나라 군인의 탈출을 도왔거든요. 또한 기원전 556년에는 제나라 군대의 침략을 용감하게 막아내기도 했죠.

그러나 전쟁에서 큰 공을 세웠음에도 진급은 하지 못했고, 하급군인으로 군 생활을 마쳤습니다.

어느덧 그의 나이 60세가 훌쩍 넘었어요. 숙량흘은 10대의 안징재라는 젊은 여자를 보고 한눈에 반했어요.

세상 사람들은 두 사람을 비난했죠. 왜냐면 숙량흘에게는 이미 아내가 두 명이나 있었고, 자식이 10명이나 있었거든요. 무엇보다 나이 차이가 너무 많았어요.

그러나 사람들의 비난을 무시하고 숙량흘은 66세에 안징재와 결혼을 합니다.

부부는 니구산에 올라 아들을 갖게 해달라고 정성껏 기도했

어요. 그 덕분인지 기원
전 551년 8월 27일, 공자
가 태어납니다.

부부는 니구산尼丘山에
서 얻은 아이라고 생각
해, 니구의 구丘자를 따
아이의 이름을 공구로
짓습니다. 어떤 이들은

니구산에서 기도하는 공자의 어머니
《공자세가도책》중 〈니산치수〉, 청나라 시기 작품

공자의 정수리 부분이 구丘, 언덕 구처럼 평평해서 지어진 이름이
라고 주장하기도 해요.

그런데 공자의 이름은 공구인데, 왜 공자라고 부를까요?

옛날 중국에서는 위대한 사람을 존경하는 의미로 이름에
'자'를 붙였어요. 뜻은 '선생님' 정도가 될 거예요. 그래서 중국의
성인들은 모두 맹자, 노자, 순자 등으로 불린답니다.

안타깝게도 부부의 행복은 오래가지 못했어요. 공자가 태어
나고 3년 후에 아버지가 세상을 떠났거든요. 공자의 어머니는

공자를 데리고 노나라의 수도 곡부성으로 이사를 가요.

이때부터 공자는 무척 가난한 삶을 살아갑니다. 어머니와 공자는 먹고살기 위해 안 해본 일이 없었고, 덕분에 공자는 일찍 철이 듭니다.

세상에 홀로 남겨지다

공자의 어린 시절 기록은 많이 남아 있지 않아요. 가장 정확한 것은 공자가 직접 자신의 어린 시절을 밝힌 기록으로, 《논어》에 나오죠.

나는 아버지를 일찍 여의고 가난한 삶을 산 흙수저였다.
그래서 돈을 벌기 위해 여러 일을 했고
그 덕분에 다양한 경험을 쌓았다.

삶에서 가난을 일찍 경험하는 것은 비극이지만, 한편으로는 축복이기도 합니다. 가난을 통해 처절한 삶의 현장을 일찍 체험하고, 스스로 살아가야 하는 자립심을 배우죠. 공자는 가난한 집안 환경 덕분에 세상을 빨리 깨우치게 되었습니다.

당시에는 귀족 집안의 아이들만 학교에 다녔기 때문에 공자는 학교에 갈 수 없었습니다. 배우지 못하면 더욱 배우고 싶은 법이죠. 공자는 배움에 대한 열망이 컸어요. 어렵게 책을 구해서 스스로 글자를 깨우치고, 공부를 시작했습니다.

공자는 호기심이 많은 질문왕이었어요. 공부를 하다 궁금한 것은 어른들에게 수시로 질문하고 답을 구했죠. 공자는 자신의 열다섯 살 때를 이렇게 말했어요.

나는 15세에 학문에 뜻을 두었다.

공자는 열다섯 살 때부터 본격적으로 공부에 몰입합니다. 힘든 일과 병행하는 공부였지만, 배움의 즐거움으로 행복했어요. 그러나 행복은 잠시. 공자에게 큰 시련이 닥쳐왔습니다. 공자가 열일곱 살 때 그만 어머니가 돌아가신 거예요. 이제 공자는 세상에 홀로 남겨진 고아가 되었어요.

비참한 삶의 유일한 희망은 공부

네덜란드 철학자 스피노자는 "내일 지구가 멸망한다 해도 나는 오늘 한 그루의 사과나무를 심겠다"라고 말했어요. 공자가 그토록 사랑했던 어머니의 죽음은 '지구가 멸망한 것'과 똑같은 충격이었어요.

그러나 공자는 한 그루 사과나무, 즉 '공부'를 통해 비참한 삶의 희망을 찾고자 했어요. 어머니가 돌아가시고, 처절한 외로움 속에서 수많은 아르바이트를 하며 먹고살기 위한 삶의 투쟁을 이어나갑니다.

그 고난 속에서도 공자는 공부를 놓지 않았고, 나날이 발전해 나갔죠. 공자는 그때를 이렇게 추억합니다.

마을에 나처럼 성실한 사람은 많았다.
그러나 나만큼 적극적으로 공부한 사람은 매우 드물었다.

비록 공자는 학교를 다니며 체계적으로 배우지는 못했지만, "세 사람이 길을 가면 그중 한 명은 반드시 내 스승이다"라고 생각하며 누구에게나 배움을 청했습니다.

공자는 무엇을 배웠을까?

당시 귀족들에게 육예六藝는 필수 교양과목이었습니다.
육예는 다음과 같았어요.

춘추시대 필수과목 6가지, 육예	예禮	예절과 도덕을 배우는 과목
	악樂	음악과 춤을 배우는 과목
	사射	활쏘기를 배우는 과목
	어御	마차를 몰고 다니는 법을 배우는 과목
	서書	글을 쓰고 읽는 법을 배우는 과목
	수數	셈법을 배우는 과목

지금으로 치면 도덕, 음악, 체육, 국어, 수학입니다. 공자도

육예를 열심히 배웠어요. 배움에 대한 열망과 겸손한 태도로 공자는 육예를 익히고, 어느새 사람들에게 '공자 선생'으로 불리기 시작합니다.

그는 19세에 결혼하고 바로 아들을 낳았는데, 노나라 왕이 축하 선물로 잉어 한 마리를 보내올 정도로 벌써 유명인이 되었죠. 공자는 아들의 이름을 잉어라는 뜻의 한자 '리鯉' 자를 넣어 '공리'로 지었습니다.

일타강사 공자, 세계 최대의 학교를 일구다

결혼을 하고 나서 공자는 직급이 낮은 공무원이 되었어요. 처음에는 가축을 관리하는 일을 했고, 두 번째는 창고의 물건을 관리하는 일을 했어요. 그 일을 성실히 수행하고 인정도 받았지만, 오래 하지는 않았어요.

노나라 왕까지도 높게 평가하는 공자였지만, 신분상의 한계로 높은 공무원이 되지는 못했지요. 그러나 공자는 좌절하지 않고, 이렇게 말했습니다.

자신을 알아줄 사람이 없음을 걱정하지 말고,
자기 스스로 남이 알아줄 만한 사람이 되도록 하자.

공자의 진가를 먼저 알아본 사람은 왕이나 귀족이 아니었습니다. 바로 학생들이었어요. 공자가 육예에 통달한 일타강사로 소문이 나면서, 수많은 사람이 찾아와 제자가 되기를 희망했어요. 그래서 공자는 자신의 집에 학교를 열었습니다.

공자는 수업료로 육포 열 개만 가져오면 누구나 학생으로 받아 주었어요. 당시 학교는 국가에서만 운영했고, 귀족만 다닐 수 있었죠. 공자는 신분에 상관없이 누구나 배울 수 있는 학교를 세웠습니다. 인류 역사상 개인이 운영하는 학교가 처음으로 탄생한 것이죠. 그건 학교의 혁명이었습니다.

공자의 학교는 금방 소문이 나서 위나라와 같은 다른 나라에서도 학생이 몰려왔습니다.

그렇다면 공자는 어떤 선생님이었을까요? 공자의 제자 안회는 이렇게 말했습니다.

나는 선생님의 도덕과 학문을 우러러 바라본다. 선생님은 모든 면에서 나의 지식을 풍부하게 해주고 내가 앞으로 나가도록 도와주는데 어찌 노력을 안 할 수 있겠는가!

학교를 세운 동서양의 철학자, 공자와 플라톤

서양에도 공자처럼 학교를 세운 철학자가 있었어요. 바로 플라톤입니다. 플라톤은 공자보다 약 100년 후인 기원전 427년에 태어나 아테네에 '아카데미아'라는 학교를 만들었어요. 그곳에서는 철학, 수학, 과학 등 다양한 학문을 가르쳤습니다. 플라톤의 아카데미아는 서양 문명에 깊은 영향을 미쳤고, 오랫동안 그리스의 지식 중심지로 남았죠.

그렇다면 소크라테스는 학교를 만들지 않았을까요? 소크라테스는 플라톤의 스승이었지만, 주로 공공장소에서 사람들과 대화하며 스스로 깨닫도록 했고, 이런 방식으로 지식을 나누는 것이 가르침의 핵심이었어요.

공자와 플라톤의 학교는 각각 동서양 문명에 큰 영향을 주었고, 교육의 토대를 마련했습니다.

플라톤의 학교를 그린 〈아테네 학당〉
라파엘로, 1510~1511년작

어느 날 공자는 다른 제자들이 자로를 무시하는 모습을 우연히 보게 됩니다. 자로는 제자 중에서 가장 나이가 많지만 지식이 부족했지요. 공자는 제자들을 불러 모으고는 이렇게 말합니다.

지식을 많이 아는 것 보다 배우려는 열망이 더 중요하다.
자로는 배움에 대한 열망이 크기에
그만큼 학문도 높다고 할 수 있다.

공자의 배려심과 인격에 감동한 자로는 헌신적으로 공자를 섬깁니다. 이처럼 공자는 소외된 제자까지 섬세하게 보살피고 배려하였습니다. 그 덕분에 공자의 학교는 중국에서 학생이 가장 많은 학교가 되었습니다. 역사 기록을 살펴보면, 세계적으로도 이 시기에 최대의 학교는 공자의 학교였어요. 그곳에서 수많은 인재가 나오기 시작합니다.

사람들은 공자와 제자들을 가리켜 유학을 배우는 학파라는 뜻으로 '유가학파'라고 부릅니다. 그중에서도 공자가 유독 아낀 제자 열 명을 '공문십철孔門十哲'이라고 해요. 그러나 훗날 공자를

덕행, 언변, 정치, 문학 등 4가지 과목에 뛰어난 공자의 제자들인
공문십철과 공자 청나라 때 공자의 72대손 공헌란의 《공자성적도》중 〈성문사과〉

학문적으로 계승한 증자원래 이름은 증삼, 증자는 높여 부르는 이름임가 빠져
있어 의문을 표하는 사람도 있어요.

덕행으로는 안회, 민자건, 염백우, 중궁이 뛰어났고,

언변은 재아와 자공이 뛰어났고,

정치에는 염구와 자로가 뛰어났고,

문학에는 자유와 자하가 뛰어났다.

이들은 《논어》에 자주 등장하는 제자들이기도 해요.

공자의 교육법

그렇다면 공자는 제자들을 어떻게 가르쳤을까요?

첫째, 공자는 제자를 차별하지 않았습니다. 귀족이나 노비, 부자와 가난한 사람을 차별하지 않고 제자로 받았어요. 공자는 신분에 따라 사람을 차별하면 안 된다고 제자들에게 가르쳤어요.

둘째는 공자의 말속에 답이 있어요.

마음속으로 알려고 노력하지 않으면 배움의 기회를 주지 않았다. 절실하게 질문하지 않으면 답을 말해 주지 않았다.

공자는 배움에 대한 의지와 열정이 없으면 아무리 가르쳐 봐야 교육의 효과가 없다고 생각했습니다. 스스로 배우고자 하는 의지를 지닌 제자만이 공자의 가르침을 받을 수 있었어요.

셋째, 제자들의 성격과 능력에 따라 맞춤형으로 가르쳤습니다.

예를 들면 이런 식이었죠.

자로 선생님, 옳은 일이라고 생각하면 바로 실행해야 합니까?
공자 경험과 지혜가 많은 어른께 먼저 물은 후에 실행해야 한다.

염구 선생님, 옳은 일이라고 생각하면 바로 실행해야 합니까?
공자 바로 실행해야 한다.

왜 같은 질문에 다른 대답을 하냐는 제자들의 물음에 "자로
는 성격이 급하니 좀 더 신중하게 생각하고 행동하라는 의미였
다. 반면에 염구는 평소 생각이 많아서 실행이 늦으니 빨리하라
고 가르친 것이다"라고 말했어요.

이처럼 공자는 제자들의 특성에 맞게 맞춤형으로 가르쳐 그들
이 가진 능력을 최대한 발휘하도록 이끌어주었습니다. 공자의
제자 중에 훌륭한 인물이 많이 나온 것은 우연이 아니겠죠?

꿈은 현실을 변화시키는 가장 큰 힘

공자는 나이 사십을 '불혹흔들리지 않음'이라고 말했어요.

내 나이 마흔에는 어떠한 유혹에도 흔들리지 않았다.

그러나 공자는 자신의 말과 다르게 현실과 이상의 사이에서 흔들리기도 했습니다.

공자가 만든 유학의 핵심 이념은 '부모에게 효도하고 타인과 조화로운 관계를 유지하며 나라에 충성하는 것'입니다. '수신제 가치국평천하修身齊家治國平天下' 개념이 이를 잘 나타내죠.

수신修身은 자신을 바르게 하고, 제가齊家는 가족을 잘 돌보고, 치국治國은 국가를 잘 통치하는 것을 의미하며, 평천하平天下는 천하를 평화롭게 다스리는 것을 의미합니다.

공자는 자신이 만든 사상을 현실에 적용하는 것이 중요하다고 생각했어요. 제자들에게도 배운 것을 행동으로 실천해야 한다고 끊임없이 강조했죠.

　그래서 공자는 높은 관직고위공무원을 맡아야 자신의 사상을 실천에 옮길 수 있으리라 여겼습니다.

　어느 날 공산불뉴라는 사람이 노나라에서 쿠데타군대를 동원해 권력을 뺏는 일를 일으켰어요. 그리고 그는 작은 성을 차지하고, 공자를 불러서 새로운 나라를 함께 만들기를 원했어요.

　이 소식을 들은 제자들은 옳지 못한 일이라 생각하고, 공자를 말렸어요. 그러나 공자는 어쩐 일인지 고집을 부렸어요.

　공산불뉴가 나를 초대했으니,

　이것은 하늘이 나에게 기회를 내린 것이다.

　그가 새로운 나라를 만들면 내가 성공시키겠다.

　하지만 공자는 제자들의 강력한 반대에 고집을 거뒀습니다. 이런 일은 두 차례나 더 있었죠.

　왜 공자는 관직에 집착했을까요? 높은 관직을 맡아서 자신의 사상과 이상을 실현하고, 국민이 행복한 나라를 만들고 싶었기 때문입니다. 그 뜻 자체는 순수했죠.

그때 공자의 나이가 50세였습니다. 공자는 50세를 지천명 知天命이라고 말합니다.

내 나이 쉰, 이제야 하늘의 뜻을 알았다.

어떤 사람들은 이 말이 공자가 '더 이상 나라를 경영할 기회는 없다는 생각에 체념한 것'이라고 합니다. 또 어떤 사람들은 공자가 '50세가 되어서 세상이 돌아가는 이치를 깨달은 것'이라고 해요.

한 치 앞도 모르는 게 사람 인생이라고 합니다. 공자는 51세에 지금의 도지사와 비슷한 '노나라 중도지역의 책임자'에 임명돼요. 공자는 탁월한 정치력으로 일 년 만에 그곳을 노나라에서 가장 살기 좋은 곳으로 변화시키죠.

이후 노나라 왕은 공자를 건설교통부 장관사공으로 승진시키고, 곧이어 검찰총장대사구의 중책을 맡깁니다.

공자는 검찰총장으로 재임하는 동안 힘센 제나라와 협상하면서 말 한마디로 옛날에 빼앗긴 땅을 되찾았어요. 고려 때 서희가 거란의 소손녕과 담판을 지어 강동 6주 땅을 얻은 것처럼 말이에요.

공자가 많은 업적을 쌓자 주변의 시기와 질투가 커졌던 걸까요? 공자는 55세에 모든 직책을 그만둡니다.

그리고 더는 노나라에서 자신의 꿈을 펼칠 수 없음을 깨닫고, 제자들과 함께 노나라를 떠납니다. 이때부터 공자는 자신을 알아주는 현명한 왕을 찾아서 무려 14년 동안 중국 전역을 떠돌기 시작합니다. 그때 공자의 나이 55세였습니다.

14년 동안 천하를 방황하고, 유학을 완성하다

공자와 제자들은 먼저 위나라로 갔어요. 이미 중국의 모든 지역에서 공자의 명성이 높았기에 위나라 왕 '위령공'은 공자를 만나줍니다.

위령공 내가 천하를 장악하려면 어떡하면 좋겠소?

공자 전쟁을 그만두고 백성에게 올바른 정치를 펼쳐야 합니다. '인의예지'를 바탕으로 모두가 평화로운 세상을 만들 수 있습니다. 그것이 진정으로 강한 정치입니다. 그러면 천하의 백성들이 위나라로 몰려들어 강대한 나라가 될 것입니다.

그러나 위령공은 공자가 말하는 올바른 정치로 천하를 장악하는 건 현실에서 적용하기 어려운 한낱 꿈이라고 생각했답니다. 그리고 제자들을 많이 데려온 공자를 의심하면서 공자의 행동을 밤낮으로 감시하죠.

그런 위령공에 실망한 공자는 미련 없이 위나라를 떠납니다.

공자는 14년 동안 수많은 나라를 다녔지만 이런 상황은 계속됩니다. 공자가 방문한 모든 나라의 왕은 천하의 주인이 되기를 바랐습니다. 그러나 그 방법은 올바른 정치가 아니라 힘을 앞세운 전쟁으로 가능하다고 믿었죠.

공자가 천하를 주유할 때 위나라 왕 위령공이 교외로 나와
공자를 맞이하는 모습 청나라 때 공자의 72대손 공현란의 《공자성적도》중 〈영공교영〉

어느 날 공자는 초나라 왕의 초청을 받아서 제자들과 그곳으로 가고 있었습니다. 그런데 길에서 다른 나라의 군인들이 못 가게 막아서 며칠을 갇혀 있었어요. 식량은 다 떨어져 굶어 죽기 직전이었어요.

그때 외교에 뛰어난 제자, 자공을 초나라로 보내 구원병을 지원받고 굶어 죽을 뻔한 위기에서 탈출합니다. 그러나 초나라 왕도 공자의 말을 듣지 않아 다시 그곳을 떠납니다.

이처럼 공자는 14년 동안 위衛나라 ┄ 진晉나라 ┄ 조趙나라 ┄ 송宋나라 ┄ 정鄭나라 ┄ 다시 진나라 ┄ 채蔡나라 ┄ 초楚나라 ┄ 다시 위나라를 떠돕니다.

공자는 여러 왕을 만나 인의예지를 기본으로 하는 정치를 제안하며 평화로운 세상을 꿈꾸었지만, 현실성이 없다는 이유로 번번이 퇴짜를 맞았어요.

공자는 14년 동안 실패를 반복하고, 깊은 좌절을 겪었어요. 그러나 좌절의 깊이만큼 공자의 유학 사상은 더욱더 단단해지고 정밀해졌습니다.

여러 왕을 직접 만나서 설득하는 과정에서 자신의 사상을 현실에 맞게 수정하고, 체계적으로 발전시킬 수 있었죠. 또한 공자가 여러 나라를 다니면서 인의예지 사상은 자연스럽게 중국 전역에 퍼져 나가게 됩니다.

결과적으로 공자는 14년 동안 실패하고 좌절한 것이 아니라, 자신의 인의예지 사상을 유학으로 완성하고 이를 널리 전파한 것입니다.

공자는 여러 나라의 다양한 정치체제와 문화를 경험하며 백성들을 직접 만나 그들의 고난을 체험했습니다. 그 덕분에 진정으로 사람을 위한 유학을 창시할 수 있었죠.

세계 최초의 역사책을 탄생시키다

어느덧 공자의 나이 68세가 되었어요. 공자는 자신의 유학사상을 현실정치에 적용해 줄 왕은 없다는 걸 깨달았습니다. 결국 14년 동안의 긴 여행을 끝내고, 자신의 고향인 노나라로 돌아갑니다.

그러나 공자는 빈손이 아니었습니다. 비바람 치는 길 위에서 잠을 자며 사람의 행복한 삶을 깊게 고민한 세월은 공자의 유학을 완성시키는 강력한 힘이 되었어요. 14년의 고행이 없었다면 오늘의 공자도 없었겠죠.

공자는 노나라로 돌아오자마자 슬픈 소식을 들었습니다. 공자의 아내가 일 년 전에 이미 사망했던 거예요.

그 슬픔이 가시기도 전에 그의 아들 공리가 50세의 나이로 숨을 거두었어요. 공자의 나이 70세였습니다. 사랑하던 아들의 죽음을 먼저 본 공자는 너무 슬퍼하여 건강이 급격하게 나빠졌습니다.

2,500년 전에 70세이면, 지금의 100세가 넘는 나이입니다. 인류의 100년 전 평균 사망 나이가 40대였거든요. 공자는 죽음이 얼마 남지 않았음을 직감해요. 그리고 평생의 배움을 통해 얻은 깨달음을 후손들에게 남겨주기 위해 마지막 시간을 책 집필에 몰입합니다.

떠오르는 해보다 지는 해가 더 강렬하다고 하던가요. 시시각각 다가오는 죽음에 맞서 공자는 위대한 작품 《시경》을 완성합니다.

《시경》은 305편의 시를 집대성한 것으로 동양 최초의 문학작품입니다. 인류 최초의 문학작품은 수메르인의 《길가메시 서사시》이고, 서양 최초의 문학작품은 《일리아드》와 《오디세이》가 있어요.

《시경》은 《논어》와 더불어 2,500년 동안 베스트셀러였습니다. 서정적인 문학작품으로, 한국에서도 아주 오래전부터 많은 사람이 읽었어요.

경주 박물관에 가면, 신라 청년들이 충성을 맹세하고 학업의 성취를 약속한 내용을 돌에 새긴 '임신서기명석壬申誓記銘石'이 있어요. 거기에는 신라 청년들이 《시경》을 필독서로 읽었다고 기록되어 있답니다.

《시경》은 우리의 실생활에도 쉽게 볼 수 있어요. 서울 경복궁의 '경복'이라는 단어를 《시경》에서 따왔거든요.

《시경》을 완성한 기쁨도 잠시 공자가 가장 아끼던 제자 안회가 41세의 젊은 나이로 죽습니다. 14년 동안 세상을 떠돌 때 온갖 어려움에도 자신을 떠나지 않고 늘 함께해 온 제자였습니다. 공자는 오열을 하면서 이렇게 말했습니다.

아! 하늘이 사랑하는 제자를 데려가는구나!
하늘이 나를 버렸구나!

공자의 나이 72세. 이번에는 언제나 자신을 지켜주던 제자 자로가 죽었습니다. 당시 자로의 나이는 63세였어요. 공자는 자로와 9살 차이로 제자 중에는 가장 오랫동안 시간을 함께 보낸 친구 같은 제자였습니다.

당시 자로는 위나라에서 중요한 관직을 맡고 있었는데, 쿠데타가 일어났어요. 자로는 쿠데타를 막기 위해 많은 나이에도 불구하고 용맹하게 전투에 뛰어들었어요.

그러다 전투 중에 적군의 창에 맞아 모자가 땅에 떨어졌습니다. 자로는 죽음을 앞둔 상황에서도 "군자는 죽음을 앞에 두고도, 명예를 지켜야 한다"고 말하며 모자를 주워 다시 쓰고 의연하게 죽음을 맞이했습니다.

이 소식을 들은 공자는 깊은 슬픔에 빠져 일어설 수 없을 만큼 병이 심해졌어요. 그러나 공자의 위대함은 여기서 그치지 않습니다. 병 투병 중에서도 힘들게 한 글자 한 글자를 죽간^{대나무를 엮어} 만든 책에 써서 노나라의 역사를 담은 《춘추》를 완성합니다.

유레카! 세계 최초의 역사책이 탄생한 순간입니다!

어떤 사람들은 세계 최초의 역사책을 헤로도토스(기원전 484~425년)가 쓴 《히스토리아》라고 합니다. 훗날 히스토리아는 역사라는 뜻의 영단어 '히스토리history'의 어원이 되죠. 그러나 그건 서양인 중심의 생각으로, 잘못 알려진 사실입니다. 공자가

《춘추》를 완성하고 죽음을 맞이할 당시에 헤로도토스는 다섯 살 아이였거든요.

《춘추》는 역사를 연, 월, 일의 시간 순서로 기록한 최초의 역사책입니다. 이것을 편년체라고 합니다.

그리고 춘추는 단순히 역사적 사실만을 전달한 것이 아니라, 옳고 그름을 정확하게 기록해 권력자들이 백성과 역사를 두려워하게 만들어요.

공자는 《춘추》를 완성한 후 제자들에게 책을 건네며 이렇게 말합니다.

후세에 나를 알아주는 사람이 있다면 '춘추' 때문일 것이며,

나를 비난하는 사람이 있다면 그 역시 '춘추' 때문일 것이다.

모든 에너지를 쏟아부은 공자는 《춘추》를 완성하고, 다시는 일어나지 못했어요.

기원전 479년 2월 11일. 공자는 세상을 떠났습니다.

불멸의 공자

공자가 사망한 후 많은 제자가 3년 상을 지켰습니다. 3년 상은 무덤 옆에 작은 움막을 짓고 죽은 사람을 애도하면서 3년 동안 무덤을 지키는 것을 말합니다.

공자의 3년 상이 끝났지만, 자공은 무덤 곁에 초가집을 짓고 스승의 무덤을 3년이나 더 지켰어요. 이후 어떤 사람들은 아예 공자의 무덤 옆으로 이사를 했는데, 그 숫자가 백여 가구가 넘어서 작은 마을이 되었다고 해요.

세계 역사상 한 인물이 죽고 난 후, 이토록 동시대 사람들의 존경을 받은 경우는 드물었답니다.

사마천은 중국의 역사서 《사기》를 쓴 위대한 역사가입니다. 그는

3년 상 후에도 공자의 묘소 옆에 초가집을 짓고 3년 더 묘를 지키는 자공
《공자세가도책》 중 〈치임별귀〉, 청나라 시기 작품

《사기》에 공자의 이야기를 특별하게 쓰고, 그 부분의 제목을 〈공자세가〉라고 지었습니다.

사마천은 공자가 죽고 약 300년 후에 태어난 사람입니다. 그는 공자를 너무나 존경해서 공자가 살았던 집과 마을을 직접 찾아가 살펴보고, 이렇게 적었습니다.

나는 공자의 책을 읽어보고 그 사람됨을 생각해 보았다. 그리고 공자가 살던 노나라에 가서 여러 학생이 그 집에서 예절을 익히고 공부하는 것을 보았다. 나는 고개를 숙이고 그곳을 맴돌며 떠날 수가 없었다. 천하의 군왕에서 현인에 이르기까지 많은 사람이 있었다. 생존 당시에는 화려했으나 죽으면 끝이었다. 그러나 공자는 300여 년이 흘렀지만 여전히 최고의 학자로 존경을 받고 있다. 임금, 왕후까지 모두 공자의 말씀을 판단기준으로 삼고 있으니 그는 진정한 최고의 성인이다.

출처 : 《사기》, 〈공자세가〉

현재 사마천이 쓴 《사기》의 〈공자세가〉는 공자의 삶을 가장 정확하게 기록한 책으로 평가됩니다. 비록 공자가 사망한 지 오랜 시간이 지났지만, 사마천은 공자의 이야기를 정확히 기록하기 위해 많은 노력을 기울였습니다. 멀고도 먼 공자의 집을 찾아간 것은 물론이고, 공자의 후손들과 직접 만나서 여러 사실을 확인하여 공자의 삶과 사상을 자세히 기록했습니다.

중국 사제가 공자의 제사를 거행하는 모습
얀 에버트 그레이브, 18세기 작품

03

2500년간 읽힌
인류의 베스트셀러,
논어가 뭐길래?

세상에서 가장 많이 읽힌 498 문장

공자가 죽고 나서 제자들은 공자의 가르침을 《논어論語》라는 책으로 펴냈습니다. 논의 한자는 논할 논論입니다. '논의하다', '서술하다', '이야기하다'라는 뜻이죠. 어의 한자는 말씀 어語입니다. '말하다'라는 뜻이죠.

이름 그대로, 《논어》는 공자가 제자들의 질문에 대답하거나, 제자들을 가르치면서 한 말을 모은 책입니다.

《논어》에서 가장 많이 나오는 단어는 '자왈子曰'입니다. '공자가 말한다'라는 뜻입니다. 왜 제목이 《논어》인지 알겠죠?

《논어》는 공자와 제자들이 함께 쓴 책이라고 보면 됩니다. 공자가 살아 있을 때 제자들에게 했던 말을 모은 책이기 때문에, 공자가 썼다고 해도 맞는 말이죠. 공자가 살아 있을 때 조금씩 쓴 것을 나중에 제자들이 완성했다는 추측도 있습니다.

마지막에 누가 완성했는지는 정확한 기록이 없습니다. 다만, 많은 사람이 《논어》의 편찬자료를 모으고 정리해서 책으로 만드는 것을 주도

한 것이 자공이었다고 말해요. 게다가 《논어》는 총 20편으로 구성되어 있는데, 그중 2~18편을 자공이 썼다는 의견이 많습니다.

《논어》는 총 498개 문장으로 구성된 짧은 책입니다. 해석 없이 498 문장을 그대로 책에 옮긴다면, 일반적인 책 사이즈로는 20쪽도 안 될 거예요. 그러나 문장 문장마다 담겨 있는 뜻은 아주 깊죠.

잠깐! 자공은 어떤 사람이었을까?

자공은 공자가 죽고 나서 무려 6년간 공자의 무덤을 지킨 유일한 제자였습니다. 또한 자공은 위나라와 제나라에서 높은 관직에 있었고, 뛰어난 능력을 지닌 사람이었어요. 그래서 공자를 섬기는 진정성으로 보나 능력으로 보나 자공이 《논어》를 완성했을 것으로 추측하는 사람이 많아요.

자공은 인품도 훌륭했던 것 같아요. 공자가 죽고 난 후에 제자들은 공자의 후계자로 자공을 내세우려 했거든요.

《논어》는 1편 〈학이〉부터 20편 〈요왈〉까지 총 20편으로 나뉘져 있어요. 20편의 제목을 살펴볼까요.

학이 學而 • **위정** 爲政 • **팔일** 八佾 • **리인** 里仁 • **공야장** 公冶長

옹야 雍也 • **술이** 述而 • **태백** 泰伯 • **자한** 子罕 • **향당** 鄕黨

선진 先進 • **안연** 顔淵 • **자로** 子路 • **헌문** 憲問 • **위령공** 衛靈公

계씨 季氏 • **양화** 陽貨 • **미자** 微子 • **자장** 子張 • **요왈** 堯曰

- 공자의 제자 : 공야장, 옹야(중궁), 안연(안회), 자로, 헌문(자사), 자장(전손사)
- 인물 : 태백, 위령공, 계씨, 양화(양호), 미자, 요왈

각 편의 제목은 큰 뜻이 있는 게 아닙니다. 예를 들어, 1편은 학이學而라는 글자로 시작되는데, 그게 제목이 되었죠. 즉, 《논어》는 각 편이 시작되는 단어를 따서 제목으로 삼았어요.

20편의 제목 중에 공자 제자들의 이름도 보이네요. 공야장, 옹야중궁, 안연안회, 자로, 헌문자사, 자장 등 여섯 명입니다.

인류 역사상 사람들이 가장 많이 읽은 책은 어쩌면 《성경》이 아니라 《논어》일지 몰라요. 《논어》가 《성경》보다 몇백 년 앞서 나왔고, 대대로 중국이 인구가 제일 많잖아요. 우리나라를 보더

라도 고조선부터 현재 여러분들까지 읽고 있으니까요.

조선 시대에는 서당에 다니는 학생이라면 《논어》를 기본으로 읽어야 했어요. 그래서 《논어》를 해설하는 책도 무수히 많이 나왔죠.

조선 시대 서당에도 교과서가 있었다

조선 시대에 서당은 가장 기본적인 교육 기관이었어요. 학생들은 평균 일곱 살 정도에 입학해서 대략 15~16세까지 서당에 다녔답니다.

서당에도 교과서가 있었는데요, 가장 먼저 배우는 것은 《천자문》이었어요. 그리고 《대학》을 쉽게 풀어쓴 어린이용 윤리 교과서인 《사자소학》, 조선 중종 시기의 학자 박세무가 쓴 《동몽선습》, 율곡 이이가 쓴 《격몽요결》, 사서삼경 등 유학 경전의 명언을 엮은 《명심보감》 등을 읽고 배웠답니다. 그 이후에는 유학의 핵심 학문인 사서삼경, 즉 《논어》, 《맹자》, 《중용》, 《대학》, 《시경》, 《서경》, 《역경주역》을 공부했어요. 사서삼경은 과거시험을 보기 위해 필수적으로 배워야 하는 교과서였죠.

서울의 동대문에도 인의예지가 있다?!

《논어》에 나오는 공자 사상의 핵심은 '인, 의, 예, 지'입니다. 인의예지란 무엇일까요?

인仁 타인을 사랑하고 공감하며, 도덕적 행위를 하는 것

의義 정의롭고 올바른 행동

예禮 사회 질서를 유지하기 위한 규범과 예절

지智 올바른 판단을 내리는 지혜

'사람은 어떻게 살아야 하는가?'라는 체계적이고 논리적인 사상이 담긴 《논어》는 출간 즉시 베스트셀러가 되었어요.

그리고 다른 나라 사람들에게도 금방 소문이 났죠. 외국의 사신들은 중국에 가면 《논어》를 옮겨 적었고, 이를 자기 나라로 가지고 가서 전파했어요.

그렇게 공자의 사상은 아시아 전역으로 빠르게 퍼져 나갔습

니다. 아마도 중국과 국경을 맞대고 자주 교류하던 우리나라에 가장 먼저 《논어》가 도착하지 않았을까요?

화동사범대학의 천웨이핑 교수는 《공자평전》신창호 옮김, 미다스북스(2002)에서 '공자의 사상이 국경을 넘어 한국, 일본, 베트남 등에 가장 먼저 전해졌다'고 설명합니다. 이렇게 전파된 사상은 왕과 귀족이 지배하는 봉건 사회에 큰 영향을 미쳤고, 이 나라들의 전통문화에서 중요한 부분이 되었어요.

예를 들어, 고구려는 태학우리 역사 최초의 국립학교을 설립해 유학 교육을 장려하였고, 고려 때에는 성리학이 도입되어 유교가 더욱 체계화되었죠. 그러다가 조선 시대에 이르면, 공자의 인의예지를 핵심으로 하는 유교가 아예 국가의 통치이념이 됩니다.

정도전은 고려 말과 조선 초의 유학자이자 혁명가예요. 고려를 멸망시키고 조선을 설계한 정도전은 개성에서 서울로 수도를 옮깁니다.

그리고 서울의 주요 성문인 동대문(흥인지문), 서대문(돈의문),

남대문(숭례문), 북대문(홍지문) 이름에 인의예지를 넣습니다. <mark>조선이 인의예지를 따르는 나라임을 상징적으로 알리고자 한 것입니다.</mark>

지금도 우리는 매일 인의예지를 눈으로 보고, 그 길을 지나다니고 있는 셈입니다.

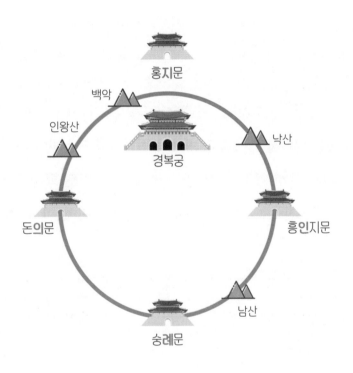

서울 사대문에 깃든 인의예지

동양인의 가장 오래된 밈 :
어떻게 공자는 동양문명을 만들었나?

중국의 양리우Yang Liu는 비주얼 아티스트입니다. 그녀는 열세 살까지는 중국에 살았고, 독일로 이사해서 13년을 살았어요. 동양과 서양에 반반씩 살면서 큰 문화 차이를 느끼게 되죠.

그리고 자신의 경험을 바탕으로 파란색은 서양독일, 빨간색은 동양중국으로 표현한 그림을 그렸습니다.

양리우가 그림으로 표현한 동서양의 차이를 볼까요. (실제 그림이 궁금한 분들은 Yang Liu의 〈East meet West〉를 검색해 보세요!)

라이프 스타일

| 개인주의 | 집단주의 |

동양인은 개인보다 공동체를 먼저 생각하죠.

노인들의 여가시간

| 반려견 | 손자 |

동양인은 가족에 대한 애착이 깊습니다.

상사에 대한 시각

많은 구성원 중 한 명	구성원 사이로 우뚝 솟아있는 단 한 명

동양인은 나이와 윗사람을 중요하게 생각해요.
특히 한국인은 사람을 만나면 나이부터 물어보죠.

딱 봐도 공감이 가죠. 동양인의 이런 문화와 가치관은 공자의 인의예지 사상에서 강한 영향을 받았습니다.

그렇다면 지금부터는 공자의 생각이 아시아에 퍼져 나간 경로를 살펴보겠습니다.

공자의 생각, 동양문명을 지배하다

사마천은 《사기》에 공자 이야기를 담으려고 이미 사망한 지 300년이 지난 공자의 집을 찾아갑니다. 그곳에서 보고 듣고 확인한 것은 공자의 사상이 중국인의 일상 속에 단단하게 뿌리내렸다는 사실이었어요.

공자의 사상은 중국에서 '유교'라고 불리며 종교처럼 자리

잡았고, 아시아 곳곳으로 퍼져나갔습니다. 아시아의 문화는 역사적으로 중국이 주도해 왔어요. 수천 년 동안 중국은 아시아 지역에서 문화적, 정치적, 경제적 영향력을 강하게 행사했죠. 여기에는 중국이 일찌감치 구축해 놓은 강력한 중앙집권적 통치 체제, 공자의 사상, 지리적 환경이 큰 몫을 했습니다.

아래 지도에서 중국의 국경을 한번 살펴보세요. 현재 중국은 총 14개국인도, 파키스탄, 네팔, 부탄, 북한, 러시아, 몽골, 카자흐스탄, 키르기스스탄, 타지키스탄, 아프가니스탄, 미얀마, 라오스, 베트남과 국경을 맞대고 있어요. 이처럼

중국의 인접국가 국경선
(괄호 안은 국경선 길이)

중국은 세계에서 육지의 국경 인접국이 가장 많은 나라입니다.

중국은 바다로도 8개국한국, 일본, 베트남, 대만, 필리핀, 브루나이, 말레이시아, 인도네시아과 국경을 접합니다. 육지와 바다를 합치면 총 20개 국가가 중국과 국경을 맞대고 있습니다. 지도만 보더라도 중국의 영향력을 실감할 수 있죠.

공자 이전에는 중국이 강한 군사력을 바탕으로 하는 하드파워군사력이나 경제력 등으로 다른 국가에게 영향을 주는 힘만을 갖고 주변국에 힘을 과시했죠. 그러나 공자 이후에는 소프트파워문화, 역사, 종교 등으로 다른 국가에 영향을 주는 힘를 장착하고 진정한 제국으로 나아갈 수 있었습니다.

역사를 돌아보면 공자의 사상처럼 소프트파워 없이 강한 군사력만을 가진 나라는 금방 망했습니다.

대표적인 나라가 13~14세기에 전 세계를 호령했던 몽골이죠. 몽골에는 공자와 같은 소프트파워를 통한 정신문명이 없었기 때문에 식민지 사람의 마음을 하나로 모으지 못했습니다.

그러나 중국은 달랐어요. 중국이 베트남을 기원전 111년부터 938년까지 약 1천 년 동안 식민지로 삼을 수 있었던 이유는 공자가 있었기 때문입니다.

공자의 사상은 베트남의 고유문화와 결합해 독창적인 유교문화를 만들어 내고, 현지인에게 거부감 없이 뿌리내렸어요. 오늘날 베트남 사람의 가치관, 생활방식, 문화에 지대한 영향을 끼쳤죠.

동양문명은 곧 한자문화권과 일치합니다. 한자문화권은 예전부터 한자를 써온 나라들을 말합니다. 한국, 중국, 일본, 베트남, 대만 등이 있어요. 이 나라 지식인들은 2,500년 전에도 한자를 썼기 때문에 쉽게 《논어》를 읽었습니다. 그래서 공자의 사상은 자연스럽게 동양인의 생각이 되었고, 문화가 되었어요.

철학자 하이데거는 "언어는 존재의 집이다. 그 언어의 집에 인간이 산다… 인간은 마치 자신이 언어의 창조자이고, 주인인 것처럼 행동하지만 사실은 언어가 인간의 주인으로 군림하고 있다"라고 말했어요. 마치 인간이 언어를 창조하고 사용하는 것처럼 보이지만, 실제로는 언어에 의해 사고하고 행동하게 된다는 뜻입니다.

언어를 공유하는 것은 생각과 문화를 공유하는 것과 같습니다. (자세한 내용은 《10대를 위한 총균쇠 수업》 217~220쪽을 참고하세요!) 따라서 함께 한자를 쓰고, 함께 공자의 책을 읽은 동양인들은 비슷한 생각과 가치관을 지니게 되었죠. 그리고 동양의 여러 나라는 공자의 사상인 유교를 국가통치 이념으로 삼아 동양문명을 이루는 공통의 정신세계를 만들어 냅니다.

그 정신세계가 핵심적으로 적용된 정치, 사회, 교육, 가치관을 살펴보겠습니다.

| 정치 |

공자의 인의예지 사상은 왕들이 실천해야 하는 리더십과 정치의 기준이 되었습니다.

왕은 '인'을 바탕으로 백성을 사랑하고 섬기는 정치를 해야만 했어요. 인을 실천하지 않는 왕은 많은 비판을 받았습니다. 그리고 '예'를 바탕으로 법을 만들고, 사회질서를 유지했습니다.

이처럼 동양의 권력자들은 공자의 사상을 정치의 기준으로 삼고 따르고자 노력했습니다.

| 사회 |

공자의 영향으로 사람들은 서로 존중하고 배려하는 사회를 만들고자 했습니다. '인'과 '의'는 사람 사이의 관계를 정하는 데 중요한 역할을 했습니다. 지금도 좋은 사람의 기준을 인성과 의리로 보잖아요.

그리고 부모를 공경하는 '효' 사상은 동양인에게 가족 중심의 문화를 만들었습니다. 특히 조선 시대만 하더라도 부모가 돌아가시면 3년 동안 무덤을 지키며 효 사상을 실천할 정도로 한국 문화에서 매우 중요한 가치가 되었어요.

| 교육 |

공자는 《논어》에서 교육을 통해 사람이 인격을 형성하고, 도덕적 삶을 추구할 수 있다고 강조했어요. 공자의 위대함은 평생 배움을 실천한 '평생교육인'이었다는 데 있습니다.

구체적으로는, 앞서 말한 '지' 사상을 통해 끊임없이 배우고 공부하는 문화를 만들었습니다.

고려와 조선의 선비들에게는 공부가 곧 일상생활이었죠. 그들은 죽는 순간까지 책을 놓지 않았습니다. 그게 선비의 당연한 책무라고 생각한 거죠.

| 가치관 |

공자의 사상은 동양인의 가치관과 윤리 기준이 되었습니다. '인'은 타인을 사랑하고 존중하는 마음, '의'는 정의와 도리, 의리, '예'는 예절과 규범, '지'는 지식과 지혜를 공부하는 것입니다. 현재까지도 이러한 가치관은 동양인의 인간관계, 일상생활, 삶과 죽음에 지속적인 영향을 미치고 있어요.

동양인의 '생각 유전자'는 인의예지로 통한다

이번에는 공자의 인의예지 사상이 한국인의 실생활과 문화에 어떻게 스며들었는지 볼까요?

인 　할머니가 버스나 지하철에 타면 청년들이 자리를 양보하
　　는 장면을 자주 볼 수 있어요. 이건 서로를 배려하고 존중
　　하는 '인' 사상이 발현된 것이죠.

의 　카페에 노트북을 놓고 잠시 화장실을 다녀와도 훔쳐 가지 않
　　아요. 이런 광경을 보고 다른 나라 사람들이 깜짝 놀라죠.
　　올바른 행동을 하는 '의' 사상의 사례입니다.

예 　한국은 밤에 마음 놓고 다녀도 문제없는, 세계에서 보기 드문
　　나라입니다. 그 이유는 서로를 믿고 사회질서를 지키는
　　'예' 사상 때문입니다.

지 　한국인은 이상하리만큼 교육을 매우 중요하게 생각합니다.
　　세계에서 가장 낮은 문맹률과 높은 대학진학률을 보면 알
　　수 있듯이 지식과 지혜를 탐구하는 '지' 사상이 한국인 속
　　에 뿌리내린 것입니다.

이와 같이 한국인만의 독특한 문화는 인의예지를 바탕으로
하는 공자의 유교 사상에서 강한 영향을 받아 생겨난 것입니다.

《논어》는 기원전 3세기 무렵, 고조선에 전해진 것으로 알려져

있습니다. 공자의 사상은 고구려, 백제, 신라 그리고 고려와 조선 시대로 끊임없이 이어졌어요. 고려 시대와 조선 시대에는 과거 시험지금의 공무원 시험의 필수 과목이기도 했죠. 공자를 모르면 지식인이 아니었고, 지식인이 되기 위해서는 반드시 《논어》를 읽어야 했습니다.

특히 조선 시대에는 불교를 억압하고, 유교를 숭배하는 '숭유억불崇儒抑佛'을 국가 통치이념으로 삼았어요. 이로 인해 공자는 조선 시대에 들어와 모든 사람들이 섬겨야 하는 신과 같은 존재가 되었습니다.

공자의 말씀은 임금의 명령보다 더 권위가 있었죠. 임금이 공자의 유교 사상을 실천하지 않으면 신하들이 호되게 비판했어요. 그래도 말을 안 들으면 쫓아내고 새로운 임금을 추대했을 정도입니다.

일본은 어떨까요?

일본의 정통 역사서인 《일본서기》와 《고사기》에는 서기 285년 백제의 왕인王仁 박사가 일본에 《논어》를 전해주었다는 기록이 있어요.

일본으로 건너간 왕인은 이후 일본에서 살며 태자앞으로 왕이 될 사람의 스승으로서 논어와 유학을 평생 가르쳤다고 해요. 공자의 핵심사상 '인仁'을 왕인의 이름으로 쓴 것이 우연은 아니겠죠.

이처럼 한국, 중국, 일본은 공자의 사상이 담긴 《논어》를 무려 2,500여 년 동안 읽고 실천했어요. 그 결과 공자의 사상 '인, 의, 예, 지'는 동양인의 가치관이 되었어요.

세계적인 생물학자인 리처드 도킨스는 《이기적 유전자》에서 밈meme이란 개념을 처음으로 이야기했습니다. 유튜브에서 즐겨 하는 '밈 놀이'의 바로 그 밈이죠. 밈은 사람의 생각이 뇌에서 뇌로 전달되는 '생각 유전자'를 말해요.

동양인에게 가장 큰 영향을 끼치고, 오래 살아남은 밈은 바로 공자의 생각이라 해도 과언이 아니겠죠.

공자의 생각은 동양 문명의 형성과 발전에 중요한 역할을 했습니다. 정치, 사회, 교육, 가치관 등 다양한 분야에 걸쳐 동양문명의 근간을 이루는 사상 체계로 자리 잡았어요.

그리고 오늘날에도 여전히 많은 영향을 미치고 있습니다. 공자의 말과 글이 논어를 통해 동양인의 생각이 되었고, 동양문명을 낳은 산파 역할을 한 것입니다.

공자라고 다 옳은 것은 아니다

공자는 유교 사상을 만들면서 사람들이 다투지 않고, 서로 사랑하는 평화로운 세상이 되기를 꿈꾸었습니다. 세상에 선한 에너지를 널리 퍼트린 것이죠.

그러나 공자에 대한 비판도 존재합니다. 위대한 성인들도 처음에는 모두 평범한 사람이었고, 실수도 했습니다. 죽음 이후 그들은 평범한 사람에서 신이 되었지만, 우리는 그들을 무조건 신격화하는 것을 경계해야 합니다. 배울 점은 배우고, 비판할 점은 비판하는 건강한 가치관이 필요해요.

역사적으로 동양의 거의 모든 왕은 공자를 좋아했어요. 이유는 간단합니다. 공자는 왕을 부모처럼 섬기고, 충성을 다해 지켜야 한다고 강조했어요. 왕은 자기가 하고 싶은 말을 공자가 대신해 주니까 얼마나 좋았겠어요.

그런데 왕이 탐욕스럽고 정치를 못해서 백성이 고통받으면 어떻게 하죠? 그때도 왕에게 계속 충성해야 하나요?

이것이 바로 공자의 딜레마입니다.

공자는 "왕은 왕답게, 신하는 신하답게, 백성은 백성답게 행동해야 한다"라고 말했어요. 왕들은 이 말을 자기 멋대로 해석했어요.

이렇게 말이죠.

'신하와 백성은 절대 왕이 될 수 없다. 왕의 혈통만 왕을 물려받을 수 있다.'

이런 논리라면 한번 왕이 된 사람의 가족은 세습을 통해서 영원한 왕족이 됩니다. 왕은 그 왕족 안에서만 나올 테고요. 모든 왕은 공자의 말을 이용해 자신의 권력을 탄탄하게 만들었죠.

그러나 공자가 이런 뜻으로 그 말을 했을까요? '왕은 왕답게'라는 뜻은 '왕으로서 욕심을 버리고, 백성을 위한 정치를 하라'는 뜻이 아니었을까요? 어쨌든 공자는 저 말 때문에 신분 차별을 옹호하는 사람으로 비판받습니다.

난징대학교의 총장으로 《공자평전》장세후 옮김, 연암서가, 2022을 쓴 쾅야밍은 '공자의 사상 중 일부가 봉건 사회와 지배층의 이익을 위해 사용된 부분을 비판해야 한다'고 말합니다. 공자의 사상이 왕권과 봉건제를 강화하는 데 이용되었다는 것입니다.

중국의 정치가 윈다이잉은 "공자가 국민 속으로 들어가서 국민을 선전하고 조직할 줄을 모르고 그저 14년 동안 임금들만 찾아다녔다"라고 비판하기도 했어요.

공자는 주나라 건국에 결정적인 역할을 한 '주공'이란 사람을 자신의 롤모델로 삼았어요.

주공은 "권력은 선하면 얻고, 악하면 잃게 될 것이다"라고 말했죠. 그는 임금이 정치를 못하면 변경할 수 있다는 입장이었어요. 그러나 공자는 임금을 교체하는 것을 반대했고, 기존의 왕에 충성을 다하는 걸 정의라고 믿었어요.

지금의 시선으로 보면 새롭게 변화하는 세상을 거부하고, 기존의 낡은 틀에 자신을 가둔 것이죠.

공자를 파괴하라 : 무너진 인류의 스승

1966년 11월 9일. 여교사 출신이었던 탄후란은 베이징사범
대학 학생 200명을 이끌고 공자의 고향인 산둥성 곡부시로 갔
습니다. 그들은 도착하자마자 공자상을 찾아서 도끼로 박살을
냈어요. 그리고 공자의 무덤을 파헤쳐 평평하게 만들어 버렸죠.
공자의 비석과 묘비는 파괴되어 돌가루가 되었어요.

1966년 11월 9일부터 12월 7일까지 이 한 곳에서 파괴된 유
물은 정확히 6,618개에 달했고 공자의 후손 등 2천여 명의 무덤
이 파헤쳐졌습니다. 죽은 지 얼마 되지 않은 시신은 꺼내어 나무
에 매달았어요.

이 사건을 신호로 전국 곳곳에 있던 공자 관련 유물은 모두
파괴되었습니다. 악명 높은 문화 대혁명의 시작입니다.

세계 4대 성인으로 추앙받던 공자는 문화 대혁명 때 치욕을
겪었습니다. 1966년부터 시작된 중국의 문화 대혁명은 집단광
기를 일으켰어요. 2천 년 넘도록 소중하게 보존되었던 공자와
관련된 모든 유물은 태워지고, 버려지고, 짓밟혔습니다.

그때 중국에서는 무슨 일이 일어났던 걸까요?

1966년 중국 공산당 주석이었던 마오쩌둥은 자신의 잘못을 감추고 정치적 입지를 강화하기 위해 문화 대혁명을 일으켰어요. 그는 문화 대혁명이라고 했지만 실상은 5천여 년의 중국문화를 공식적으로 파괴하는 문화 대파괴 운동이었죠.

문화 대혁명을 '반달리즘'이라고도 합니다. 반달리즘은 '무지로 인해 문화나 공공예술을 파괴하는 행위'를 말해요.

마오쩌둥은 전통적인 문화를 부정하고, 새로운 공산주의를 창조하려 했습니다. 문화 대혁명으로 기존의 질서와 권력을 무너뜨리고, 자신이 1인 권력으로 우뚝 서길 원해서 벌인 일이죠.

공자는 중국 전통의 상징이고, 유교의 창시자였기 때문에 제일 먼저 공격을 받았어요.

마오쩌둥은 젊은이들의 사회변화에 대한 열망을 이용해, 대학생과 고등학생을 대상으로 군대와 같은 '홍위병'을 조직했어요. 이후 홍위병은 중국의 마오쩌둥의 꼭두각시가 되어서 전통 파괴, 문화재 파괴, 종교 파괴 활동을 벌입니다.

그뿐만이 아니었어요. 2010년 9월 영국 런던대학의 프랑크 디쾨터 교수가 중국의 도시와 농촌의 주민기록을 조사한 결과, 문화 대혁명 시기에 사망한 사람이 4,500만 명으로 기록돼 있었습니다. 《마오의 대기근》 프랑크 디쾨터 지음, 최파일 옮김, 열린책들(2017)

1966년에 시작한 문화 대혁명은 1976년 마오쩌둥이 사망하면서 막을 내립니다.

문화 대혁명 때는 공자에게 제사를 지내는 행사를 금지했어요. 1980년대 들어서 중국에서 공자가 재평가받기 시작했지만, 여전히 공자에게 제사를 지낼 수는 없었어요. 제사 지내는 방법을 아는 사람이 거의 다 사라졌기 때문이었죠. 결국 중국인들은 한국에 와서 공자의 제사 방법을 배우고 갔다고 해요.

2014년 중국의 시진핑 주석은 공자 탄신 2565년 기념 국제 유학학술대회에서 공자 사상을 "중화문화의 핵심"이라고 칭찬하며, 공자의 가르침이 현대 사회에서도 여전히 유효하다고 강조했습니다. 이후 중국 곳곳에서 공자 아카데미가 설립되었고,

베이징 공자사원 (공묘)의 입구

다시 공자상도 들어섰어요.

시진핑은 국가 지도자에 대한 강한 충성을 강조하기 위해 공자를 활용하고 있는 걸까요? 판단은 여러분 각자에게 맡깁니다.

역사적으로 정치권력은 공자의 사상을 제 입맛대로 해석하고 이용해 왔습니다. 그러나 공자는 늘 한결같이 《논어》를 통해 진실한 삶을 살아가는 방법을 우리에게 알려 주었습니다.

다산 정약용은 18년 동안의 절망적인 유배 생활 중에도 《논어》를 읽고 또 읽으며 마음을 가다듬고 삶의 희망을 찾았어요.

나아가 읽는 데서 그치지 않고, 자신만의 해석을 붙여서 《논어 고금주》라는 책까지 펴냈습니다.

그리고는 너무나 보고 싶지만 볼 수 없는 자녀들에게 보내 주었어요. 인류의 지혜가 담긴 《논어》를 읽고 역경을 극복하여, 자신의 삶을 의미 있게 살아가기를 간절히 바라는 마음이었습니다.

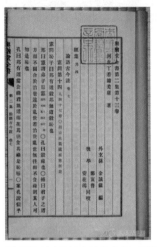

정약용이 1813년 펴낸 《논어고금주》
한국민족문화대백과사전

04

논어 속으로

왜 공부해야 하는가

배움으로 나의 성장을 확인하라

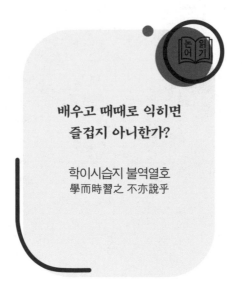

배우고 때때로 익히면
즐겁지 아니한가?

학이시습지 불역열호
學而時習之 不亦說乎

《논어》의 첫 구절은 '배움의 즐거움'으로 시작해요. 여기서 배움은 꼭 공부만 뜻하는 게 아닙니다. 축구도 될 수 있고, 게임도 될 수 있죠. 여러 배움을 통한 다양한 경험을 말합니다. 공자가 위대한 것은 죽기 직전까지 평생 배움을 실천했고, 제자들에게 가르쳤다는 데 있어요.

어느 날 저는 노태권 아저씨의 이야기를 듣고 망치로 머리를 한 대 맞은 듯한 충격을 받았습니다.

학습

배울 **학**	익힐 **습**
學	習

'**학**이시**습**지 불역열호'에서 유래한 말. 배우고(학), 익히며 연습하는 것(습)이란 뜻입니다. 배운 내용을 반복하고 실천하여 자신의 것으로 만드는 과정을 나타냅니다.

노태권 아저씨는 선천성 난독증 환자였습니다. 지금이라면 일찍 병원에 가서 치료를 받았겠지만, 당시에는 글을 제대로 읽지 못하는 난독증이라는 개념도 없었다고 해요. 난독증 환자는 시력과 지능에 문제가 없지만 글을 읽고 쓰는 데 어려움을 겪는 학습 장애입니다.

아저씨는 중학교에서 친구들에게 바보라고 놀림을 받고 집단 따돌림을 당했어요. 결국 고등학교는 가지 않았습니다. 그는 중학교만 졸업한 채 건설현장에 막노동꾼으로 뛰어들었습니다.

그리고 세월이 흘러, 35살에 아내와 결혼을 했는데 그것이 인생의 터닝포인트가 되었습니다. 현명한 아내는 한글을 읽지 못하는 남편이 안쓰러워 한글을 가르치기 시작했어요.

우선, 일상에서 자주 쓰는 1,500자를 종이 한 장에 한 글자씩 큼지막하게 적어 주었어요. 노태권 아저씨는 그 글자들을 외웠는데, 외워도 자꾸 잊어버려서 한글을 떼는 데만 3년이 걸렸다고 해요. '中卒 아빠, 게임중독 中卒 형제를 직접 가르쳐 서울대로' 〈조선일보〉 변희원 기자 (2020.06.27)

한글을 배우게 된 기쁨은 이루 말할 수 없었습니다. 그는 본격적으로 공부를 시작했어요. 마흔세 살에 한글을 떼고, 뒤늦게 초등학교 교과서를 보면서 공부하는 그를 주변 사람들은 이해하지 못했어요. '이제 와서 공부한다고 무엇이 달라질까' 생각했던 거죠.

그런 시선에도 불구하고, 그는 포기하지 않았어요. 한 날은 영어 단어장을 보면서 짜장면을 배달하다가 계단에서 구르는 사고를 당하기도 했습니다.

그렇게 돈을 벌면서 공부도 계속한 지 7년째, 어느덧 아저씨는 수능을 공부하게 되었어요. 수능 모의고사에서 7번 연속 만점을 받아 TV 프로그램에 '공부 달인'으로 소개되고, 두 아들을 직접 가르쳐 서울대에 보내서 또 다른 TV 프로그램에서는 '자녀교육의 달인'으로 선정되었답니다.

노태권 아저씨는 배움에는 나이도, 한계도 없다는 것을 몸소 보여 주었어요. 이처럼 배움은 단순히 지식을 쌓는 것이 아니라, 삶을 새롭게 바꾸는 힘을 지니고 있답니다. 아저씨의 이야기를 통해 진정한 배움의 가치를 또 한 번 생각해 보게 되었습니다.

저의 딸은 고등학생이고, 아들은 중학생입니다. 저는 종종 사춘기 아이들에게 겁도 없이 이런 말을 합니다.

"세상에서 가장 공평한 것은 공부이다. 가성비가 가장 좋은 것도 공부이다."

제가 삶을 살아오면서 실제로 경험한 진실이기 때문입니다.

공부는 스스로 해야 하고, 시험을 봐서 공정하게 평가를 받습니다. 공부를 하면 성적이 나오고, 공부를 하지 않으면 성적이 나오지 않죠. 생각한 만큼 성적이 나오지 않는 것은, 내가 그만큼 공부를 하지 않았기 때문입니다.

공부는 거짓말을 하지 않고, 세상에서 제일 공평해요. 돈

많은 재벌 집의 금수저라고 해서 모두 다 공부를 잘하지는 못하는 걸 보면 알 수 있어요.

책상에 앉아서 시간을 쏟고, 스스로 노력해야 성적이 나옵니다. 누가 억지로 뇌 속에 지식을 심어줄 수는 없기 때문이죠. 그래서 공부는 공평합니다.

가성비도 가장 좋습니다. 축구 등의 스포츠는 신체조건이 따라줘야 합니다. 가수는 성량과 목소리를 타고나야 하죠. 가수가 되고 싶다고 아무리 열심히 노래 연습을 해도 타고난 음치라면 불가능합니다.

그러나 공부는 다릅니다. 타고난 능력은 필요 없고, 오로지 노력만으로 승부를 보는 게 공부입니다. 노태권 아저씨를 보면 잘 알 수 있죠.

저는 가난한 집안 사정으로 고등학교를 졸업하자마자 육군 부사관에 지원했습니다. 강원도 화천의 최전방으로 자대 배치를 받고, 겨울 시즌에는 몇 개월 동안 매일 눈을 치우는 게 일과였습니다. 따뜻한 대구에 살던 저는 강원도가 그렇게 눈이 많이

오는 줄 처음 알았습니다.

어느 날 휴가를 나오니 친구들은 대학생이 되어서 여자친구도 사귀고, 대학 생활을 신나게 즐기고 있는 걸 보았습니다. 그 순간 최전방에서 매일 눈을 치우는 내 모습이 얼마나 초라하던지요. 그리고 다짐했죠. 늦었지만 다시 공부를 해야겠다고 말이에요.

그래서 저는 군 복무 17년 동안 낮에는 군인으로 임무를 수행하고 밤에는 학생으로 공부하면서 대학교를 졸업하고, 나중에는 석사와 박사 과정까지 마쳤습니다. 힘든 훈련과 야간 당직 근무 속에서도 공부할 내용을 출력해서 항상 군복에 넣어 다니며 수시로 꺼내 보았습니다.

배움의 즐거움은 진정으로 내가 살아 있음을 느끼게 해 주었습니다. 그리고 저는 거짓말처럼 지금은 대학교수가 되어, 여러분들과 책으로 만나 논어 수업을 하고 있습니다.

제 삶의 기적은 끊임없는 공부에 있었습니다. 공부가 힘든 적도 있었지만, 공부로 느끼는 희열이 더 많았습니다. 스스로가 공부로 인해 성장하는 것이 눈에 보였거든요.

이제 왜 제가 공부가 세상에서 제일 공평하고, 가성비가 좋다고 한지 알겠죠. 최전방에서 눈을 치우는 고졸 출신의 군인도 배움의 기쁨을 알고, 열심히 공부하면 대학교수가 될 수 있습니다. 40대에 한글을 뗀 막노동꾼도 공부에 몰입하면 수능 만점을 받을 수 있답니다.

모든 것은 기본에서 시작한다

군자는 기본에 힘써야 한다.
기본을 알면
성공하는 방법이 생긴다.

군자 무본 본립이도생
君子 務本 本立而道生

공자는 모든 일의 시작을 기본으로 보았습니다. 어떤 일이든 지 기본을 익히고 시작하면 목표를 이룰 수 있다고 했어요.

그러나 많은 사람이 기본을 익히는 시간을 지루해하고, 못 견 뎌합니다. 그래서 기본을 무시하고, 다음 단계로 뛰어 넘어가 버 려요. 금방은 그 방법이 빠른 것 같지만 기본이 없으면 더 이상 앞으로 나아가지 못합니다.

근본 본

본

本

한자 '**본**'은 글자 자체가 나무 목(木) 아래쪽에 뿌리를 나타내는 짧은 수평선을 더한 글자예요. '본'자는 근본이나 기초를 의미합니다. 중요한 것들이 시작되는 핵심적인 부분을 나타내며, 모든 것의 기반이자 뿌리이죠.

반면에 오랜 시간과 노력으로 기본을 익히면 그다음부터는 빠른 성장이 가능합니다. 기본이 튼튼하면 응용도 가능해서 여러 문제를 쉽게 해결할 수 있답니다.

공부도 마찬가지입니다. 전교 1등의 공부비결을 알려주는 《전교 1등의 책상》중앙일보 열려라공부팀 지음, 문학수첩(2017)이라는 책이 있습니다. 저는 나우영 학생의 이야기에 특히 공감이 갔습니다.

나우영 학생은 중학교 졸업 때까지만 해도 상위 7.5퍼센트의 성적을 기록했지만, 고등학교에 들어가서는 전교 1등으로 크게 도약했어요. 비결은 바로 교과서의 기초를 철저히 다지는 방법으로 공부 방식을 바꾼 것이었습니다.

중학교 때까지 그는 쉬운 문제는 건너뛰고, 어려운 문제에 집중하는 방식으로 공부했다고 해요. 어려운 문제를 풀 수 있으면 쉬운 문제는 자연히 풀릴 것이라고 생각했기 때문이죠. 그렇게 공부하고 시험을 보았지만, 노력에 비해 성적은 매번 기대에 미치지 못했습니다.

그는 "교과서만 제대로 보면 맞힐 수 있는 걸 틀리니 멘붕이 왔다. 이후 기본 개념부터 확실히 익혀 나갔다"라고 말합니다.

우선 모든 교과서를 노트 한 권으로 만드는 단권화 작업을 했어요. 교과서, 교재, 유인물 등에서 중요한 내용을 노트 한 권에 모두 정리해 나만의 교재를 만든 것입니다. 또한 수업시간에 집중해서 그날 배운 내용은 반드시 다시 복습했습니다.

이처럼 그의 전교 1등 비결은 '교과서로 기본개념을 쌓고, 수업에 집중하며, 철저히 복습하고, 단권화하는 것'이었습니다.

2023년 아시아인 최초로 영국 프리미어 리그에서 득점왕을 차지한 손흥민의 핵심 비결을 아버지 손웅정 씨는 '기본기'라고 강조합니다. 그는 자신의 저서 《모든 것은 기본에서 시작한다》 수오서재(2021)에서 이 점을 자세히 설명했어요.

예를 들어, 손흥민은 기본기를 다지는 데만 7년을 쏟았습니다. 정말 단 하루도 쉬지 않았다고 해요. 기초를 한 단계, 한 단계씩 차근차근 익혀 나갔는데, 완벽하지 않으면 절대 다음 단계로 나아가지 않았습니다.

몇 년 동안 기본기만 익히다 보니, 처음엔 다른 선수들보다 느리게 보이기도 했어요. 하지만 기본기를 확실히 다진 후부터는 달라졌죠. 훨씬 더 빠른 속도로 성장하고 적응했어요.

이 같은 철저한 기본기 연마와 꾸준한 노력 덕분에 손흥민은 세계 최고의 리그에서 최고의 선수로 자리매김할 수 있었습니다.

기본기의 힘, 모소대나무 이야기

기본이 탄탄한 사람은 위기를 겪어도 금방 극복합니다. 뿌리 깊은 나무는 거센 태풍이 와도 쓰러지지 않습니다. 지구상에서 가장 오랜 시간 뿌리를 내리는 모소대나무의 이야기는 기본의 중요성을 다시 한번 일깨워줍니다.

중국의 깊은 산속, 한 씨앗이 잠들어 있었습니다. 따스한 봄이 되자 다른 씨앗들은 싹을 틔우고 햇빛을 향해 자라나기 시작했습니다. 하지만 그 씨앗은 자라지 않았습니다. 주변의 씨앗들이 걱정하며 물었습니다.

"왜 자라지 않니? 봄이 왔단다!"

그 씨앗은 차분하게 대답했습니다.

"나는 내 뿌리를 깊게 내리고 있어. 지금은 보이지 않지만 곧 엄청나게 자랄 거야."

4년이 흘렀습니다. 씨앗은 여전히 땅속에서 뿌리를 내리고 있었습니다. 다른 씨앗들은 이미 키가 커지고 꽃을 피웠지만, 그 씨앗은 여전히 움직이지 않았습니다. 주변에서는 그 씨앗을 비웃었습니다.

"너는 땅꼬마구나. 영영 자라지 못할 거야."

그러나 씨앗은 굴하지 않았습니다.

"나는 내 뿌리를 믿어. 곧 놀라운 일이 일어날 거야."

그리고 5년째 되는 어느 날, 씨앗은 마침내 땅에서 솟아올랐습니다. 놀랍게도 하루에 30센티미터씩 성장하며 단숨에 40미터 높이의 거대한 대나무로 자랐습니다. 숲 속에서 가장 큰 나무가 된 것입니다.

주변 모두가 놀라움을 금치 못했어요. 씨앗은 자신을 비웃던 이들에게 말했습니다.

"내가 이렇게 성장할 수 있었던 것은, 땅 속에 깊은 뿌리를 내렸기 때문이야!"

중국 동쪽 지방에서 자라는 희귀종인 모소대나무는 실제로 4년째까지는 땅속에 뿌리를 내리며 땅 위로는 겨우 3센티미터 정도 자라나요. 그러다가 5년째부터 매일 30센티미터 이상 쑥쑥 커집니다. 그리고 6주 만에 폭풍 성장을 해서 울창한 모소대나무 숲을 이룬답니다.

만약 어떤 일에 최선을 다하고 있는데 성과가 보이지 않는다면 실망스럽고 속상할 거예요. 그러나 그 순간이 모소대나무처럼 자신만의 뿌리를 내리는 시간이라고 생각하면 좋겠습니다.

노력의 결과가 즉각적으로 나타나지 않을 수도 있어요. 어쩌면 생각보다 더 긴 시간이 걸릴 수도 있죠. 그러나 기본기를 탄탄히 다지는 시간은 결코 헛되지 않답니다. 큰 성장을 이루는 밑거름이 되죠.

최선의 노력을 다하고 있다면, 언젠가 모소대나무처럼 힘차게 성장하는 날이 올 것입니다. 어느 순간 폭발적인 도약으로 모두를 깜짝 놀라게 할지도요!

리딩으로 내 삶을 리드하라

배우되 생각하지 않으면
얻는 것이 없고, 생각하되
배우지 않으면 위태롭다.

학이불사즉망 사이불학즉태
學而不思則罔 思而不學則殆

어떻게 살아야 할지 막막할 때가 많았습니다. 그럴 때마다 저는 책을 읽었습니다. 책을 읽으면 인생의 길이 보였거든요.

특히 자기계발서를 많이 읽고 도움을 받았습니다. 어려운 환경을 극복하고 성공한 이야기를 읽으면 저도 모르게 힘이 나고, 열심히 살아야겠다는 강한 동기부여가 생겨났습니다. 삶의 길을 잃고 헤매고 있는데, 길을 발견하는 느낌이었죠. 생각지도 못했던 '생각 지도'가 책을 통해 그려졌어요. 생각의 깊이와 폭도

사

생각 사

思

'**사**'는 '생각하다'라는 의미로, '학이불**사**즉망 **사**이불학즉태'라는 구절에서는 배운 내용을 심사숙고하고 내면화하는 과정을 나타내요. 앞서 '학'은 배운다는 뜻이라고 했었는데, 학습과 사고가 둘 다 이뤄져야 진정한 지식과 지혜를 얻을 수 있다는 의미랍니다.

커졌습니다.

저의 생각은 크게 두 가지에서 나옵니다. 첫 번째는 경험, 두 번째는 책입니다. 제가 열 권의 책을 쓸 수 있었던 것도 많은 책을 읽었기 때문입니다. 글을 읽지 않으면, 글이 나오지 않습니다.

우리는 많은 글을 씁니다. 짧게는 문자 메시지를 보내고, 숙제하고, 수행평가를 위한 글을 쓰기도 해요. 그런데도 글을 쓰기가 어렵다고요? 그 이유는 책을 많이 읽지 않아서입니다.

작가는 직업적으로 글을 쓰는 사람입니다. 한 줄의 글을 쓰기 위해 한 권의 책을 읽어야 하고, 한 번의 경험을 해야 하지요.

당신은 얼마나 읽었고, 어떤 경험을 했나요?

대화를 해보면 그 사람의 지적 수준을 직감적으로 느낄 수 있습니다. 이야기하면서 생각의 창고에서 '나의 생각'을 끄집어 내야 하는데, 비어 있으니 나올 게 없죠. 생각의 창고가 텅 빈 사람은 머리가 비어 있는 사람입니다.

무슨 경험을 했고, 어떤 책을 읽었는지 말해주면, 저는 당신이 어떤 사람이라고 말해줄 수 있습니다. 그 경험과 책들로 당신의 생각이 만들어지고, 가치관이 만들어졌으니까요. 그 사람의 미래가 궁금하다면 그가 어떤 책을 읽는지 보면 됩니다.

우리나라에서 가장 많이 판매된 책은 김진명 작가의 《무궁화 꽃이 피었습니다》라는 소설입니다. 무려 700만 권이 팔렸다고 하네요.

그는 고등학교 시절, 공부는 하지 않고 역사책과 철학책에 빠져 살았습니다. 어렵게 대학에 들어가서도 마찬가지였죠. 매일 남산도서관으로 도시락을 싸갖고 가서 철학, 종교, 물리학, 화학, 천문학, 수학 등 분야를 가리지 않고 미친 듯이 책을 읽었습니다. 대학교를 졸업한 후에는 아버지가 경영하는 회사에 이름만 올려놓았다고 합니다. 결혼을 하고도 6년이나 일하기 싫어서 실업자로 생활했다네요.

그런데 어느 날 아버지 회사가 망하고 말았습니다. 그 바람에 자신의 사업을 시작했지만, 3년 만에 회사가 망하고 부모님 집과 땅까지 모두 날렸다고 해요. 30대 중반에 빈털터리가 된 그는 절박한 마음으로 책을 쓰기 시작했습니다.

그 첫 번째 책이 《무궁화 꽃이 피었습니다》였어요. 그는 전문적으로 글쓰기를 배우지 않았지만, 책을 읽으면서 자연스럽게 글쓰기를 터득했던 셈입니다. 어릴 때부터 읽은 책이 인생을 바꾼 것이지요.

저는 중학교 때 집이 가난했어요. 고민 끝에 빨리 취업해서 돈을 벌기 위해 특성화고에 갔습니다. 그러나 고등학교에 들어가서 저의 적성과 맞지 않다는 것을 금방 깨달았습니다. 자동차 학과였는데, 수업시간 대부분이 자동차를 분해하고 조립하는 것이었습니다. 분해 후 조립하려고 하면 순서가 기억나지 않고, 매번 나사를 몇 개씩 잃어버려 조립할 수가 없었죠. 제가 똥손이라는 걸 그때 확실히 알게 되었습니다.

그러니 학교 가기가 너무 싫어서 도서관에 가서 잡히는 대로 책을 읽다가 저녁이 되면 집에 가곤 했습니다. 수업시간에도 다른 책만 보았죠. 3년 내내 그랬습니다.

군대에 가서도 남는 시간에 딱히 할 일이 없어서, 취미는 늘 축구와 독서였습니다. 그때까지만 해도 책은 재미로 읽었어요. 그러다 서른다섯 살이 되어서 문득 '나도 책을 한번 써볼까?'라는 생각이 들었어요.

한 번도 글쓰기를 제대로 배운 적이 없었죠. 그래도 무작정 써봤습니다. 신기한 것은 그냥 술술 글이 나오더라는 겁니다.

그렇게 3개월 만에 《제안왕의 비밀》행복에너지(2015)이라는 책을 썼어요. 그리고 그 책은 정부에서 인증하는 우수 교양도서(세종 도서)로 선정되었습니다. 글을 읽어야 글이 나온다는 이야기는 많이 들었지만, 그때 비로소 확실히 깨달았습니다.

키 작고 가진 것도 없는 제가 지금의 아름다운 아내와 결혼하게 된 것도 순전히 책 덕분입니다. 다양한 책에서 얻은 지식과 이야기들을 대화 주제로 자주 활용했거든요.

위대한 정복자 나폴레옹은 전쟁터에도 수백 권의 책을 들고 다니며 독서를 했습니다. 이집트 원정 때는 1천여 권의 책을 실어서 갔죠. 심지어 말 위에서도 책을 읽었습니다. 그가 평범한 군인에 그치지 않고, 유럽 전체를 호령한 황제가 된 비결은 독서였습니다.

어떤 책을 읽었는지 보면 알 수 있죠.

나폴레옹은 영국사, 페르시아 역사, 이집트 역사, 인도의 지리, 천문학, 지질학, 기상학, 포격술, 인구론, 법학 등 종류를 가리지 않았습니다.

그는 천부적인 리더가 아니었습니다. 다양한 책을 리딩하면서 리더십을 길렀죠. 진정한 리더는 끊임없이 리딩하고, 자극을 받아서 자기 자신과 조직을 일깨웁니다.

이번에는 독서로 자신의 조직을 바꾼 이야기를 볼까요?

1929년, 로버트 허친스는 서른 살에 시카고 대학교의 총장이 되었습니다. 그는 곧바로 '100여 권에 달하는 위대한 고전을 읽지 않으면 졸업시키지 않겠다'는 시카고 플랜을 발표했어요.

교수도 학생도 모두 반대했습니다. 당시 시카고 대학교는 이름 없는 지방 대학이었기 때문에 반발이 더 컸습니다. 사람들은 '여기를 하버드 대학교로 착각한 거 아니야?'라며 비웃었어요.

하지만 허친스는 굳건히 밀어붙였습니다. 인문학과는 거리가 멀어 보이는 공대 학생들도 인문고전 100권을 반드시 읽어야 했죠.

얼마 후, 시카고 플랜의 효과가 점차 나타났습니다. 졸업생들이 기업에서 두각을 드러내기 시작했던 것입니다.

그뿐만 아니라, 인문고전을 100권 읽고 졸업한 공대생들이 노벨상을 수상하기 시작했습니다. 이후 시카고 대학교는 노벨상 수상자 100명, 필즈상 수상자 10명을 배출한 세계 최고 수준의 명문 대학으로 성장했습니다.

시카고 플랜의 도서목록에는 《논어》도 포함되어 있습니다. 《논어》는 4학년 때 필수적으로 읽어야 하죠. 동서양을 막론하고 최고의 인문 고전을 읽히는 것이 시카고 플랜의 핵심이었습니다. 천재들의 책을 읽으면 천재에 가까워집니다.

진정한 힘은 생각의 힘을 기르는 데서 나온다

근대 이후 미국은 세계 최강대국이 되었습니다. 10여 년 전에는 많은 사람이 중국이 미국을 추월할 거라고 했죠. 과연 그럴까요?

인류는 AI혁명에 진입했습니다. AI혁명을 이끄는 나라가 미래의 주인이 될 것입니다.

지금 AI혁명은 미국이 주도하고 있죠. 세계 기업 순위를 보면 알 수 있습니다. 현재 시점에 세계 10대 기업을 보면 AI 관련 기업이 무려 6개입니다. 마이크로소프트, 애플, 엔비디아, 아마존, 구글, 메타예전 명칭은 페이스북가 그들이죠. 모두 미국 기업입니다. 이것만 봐도 AI시대에도 미국의 힘은 변함이 없을 거라 짐작할 수 있습니다.

그렇다면 미국의 힘은 어디서 나올까요? 여러 이유가 있겠지만 저는 미국의 명문 사립 중·고교 교육에 주목합니다.

그 학교들은 인문고전을 읽고 토론하는 교육을 매우 중요하게 생각합니다. 그래서 앞서 말한 '트리비움 교육'이 전체 교육 과정 중에서 가장 큰 부분을 차지합니다. 인문고전을 읽고, 토론하는 것이지요.

이런 교육을 3년 정도 받으면 생각의 깊이와 폭이 커져서 뇌가 바뀝니다. 그 과정에서 자연스럽게 창의력이 생기죠.

노벨상은 인류에게 도움을 주는 창의적인 아이디어가 있어야 받습니다. 오늘날 세계에서 가장 많은 노벨상 수상자를 배출한 나라는 미국입니다. 미국의 중·고교에서 인문고전을 읽고 토론하는 수업이 계속되는 한, 앞으로도 미국이 될 겁니다.

최근에 삼성그룹 이재용 회장의 딸이 아이비리그가 아닌 '콜로라도 칼리지'에 입학해서 화제가 되었습니다.

콜로라도 칼리지는 특히 인문고전을 집중해서 읽고 토론하는 '리버럴 아츠 칼리지'로 유명합니다. 리버럴 아츠 칼리지는 특정한 기술을 배우기보다는, 책을 읽고 토론하는 인문학 중심의 과정을 중점적으로 운영하는 대학입니다.

미국에서 매우 영향력 있는 매체인 〈US뉴스&월드리포트〉의 전국 대학 랭킹에서 콜로라도 칼리지는 '가장 혁신적인 학교' 3위에 오르기도 했습니다. 이재용 회장도 동양고전을 주로 읽고 공부하는 동양사학과를 졸업했죠. 최상위 리더 중에 인문학 전공자가 많은 건 우연이 아닙니다.

인문학이라는 글자에 답이 있습니다. 인人은 사람, 문文은 글, 학學은 배운다는 뜻입니다. 인문학은 대단한 것이 아닙니다. '책을 통해 사람을 배우면 그게 곧 인문학'이에요.

사람이 모인 곳이 세상이니까, 세상을 경영하려면 인문학을 배워야 합니다. 이재용 회장과 그의 딸이 인문학을 선택한 이유겠죠.

인문학의 시작은 책 읽기입니다. 그렇다면 책 읽기를 어려워하는 학생은 어떤 책부터 시작하면 좋을까요? 저의 답은 '재미있는 책'입니다.

예를 들어, 동양고전 〈삼국지〉를 읽고 싶다면 먼저 삼국지 만화책부터 보면 됩니다. 그리고 설민석의 《삼국지》, 그다음은 이문열의 《삼국지》로 단계를 올리는 거죠.

영화를 먼저 보고 책을 읽어도 좋습니다. 그러면 영화 속의 장면이 책을 읽을 때 자연스럽게 떠올라서 훨씬 더 쉽게 읽을 수 있습니다.

이건 제가 우리 아이들에게 써먹었던 방법입니다. 해리 포터 영화를 지겹다고 할 때까지 계속 보여주고, 그다음 해리 포터 소설책을 읽게 했어요. 그랬더니 아이들은 단기간에 해리 포터 시리즈 24권을 재미있게 다 읽었습니다. 해리 포터를 다 읽고 나니 확실히 읽는 힘이 생겨서 다른 책에도 쉽게 도전할 수 있었어요.

책은 한 사람이 가진 지식과 지혜를 가장 빠르고 쉽게 흡수하는 방법입니다. 열 권의 책을 읽으면, 열 사람의 지식과 지혜가 당신 것이 됩니다.

세계적인 석학 유발 하라리를 만나서 2시간짜리 강의를 들으려면 최소한 몇천만 원 이상의 돈을 지불해야 합니다. 그런데 하라리의 강의는 그가 쓴 책에 빠짐없이 다 나와 있어요. 세상에 책 읽기보다 더 값싸고 좋은 공부가 어디 있겠습니까?

배움은 내 삶을 밝혀주는 등불입니다

교육에는 차별이 없다.

유교무류
有教無類

공자의 고향 산둥성 곡부에는 공자의 사당이 있습니다. 거기에 가면 '대성전'이란 중심 건물이 있어요. 대성전 안에는 공자의 가르침을 잘 나타내는 글들이 쓰인 현판이 많이 걸려 있습니다. 그중에서 가장 눈에 띄는 것이 '유교무류'입니다. '교육에는 차별이 없다'는 뜻으로, 공자의 교육철학을 가장 잘 나타내는 말입니다.

공자는 배우려고 하는 의지만 있으면 누구든지 제자로 받아

교

가르칠 교

教

'**교**'라는 글자는 '가르치다'라는 의미를 갖고 있어요. '교육', '교사' 등의 단어에서 사용되는 바로 그 글자입니다. '교육'은 가르치고 키우는 것이고, '교사'는 가르치는 선생님입니다. '교화'는 또 어떨까요? 바로 가르치고 감화시키는 것입니다.

주었습니다. 공자가 만든 학교로 인해 교육에 대한 차별이 없어졌죠.

당시에는 귀족만 학교에 다니고, 공부를 할 수 있었습니다. 그런데 공자가 누구나 공부할 수 있고, 누구나 공부로 성장할 수 있는 환경을 만든 것입니다.

사회가 발전할수록 가진 자와 못 가진 자의 빈부격차는 더 커지고 있습니다. 빈부격차를 뛰어넘는 가장 확실한 방법이 교육입니다. 교육의 기회는 누구에게나 열려 있기 때문이죠.

저는 교육이 장애를 극복하는 것도 직접 보았습니다.

어느 날 친한 형님이 귀한 사람을 소개해 주겠다며 저녁에 만나자고 문자 메시지를 보내왔습니다. 마침 시간이 되어서 약속 장소로 나갔다가 무척 놀랐습니다. 그날 소개받은 사람은 양팔 없는 장애인 '이범석' 형님이었습니다.

이야기를 주고받다 보니 저의 고등학교 선배님이었습니다. 저는 처음 만난 형님께 컵에 물을 따라서 먹여 드렸고, 나중에는 밥도 먹여 드렸습니다. 처음에는 어색했지만, 시간이 지나니 자연스러워졌죠. 조금 친해진 것 같아 어떻게 다치셨는지 물어보았습니다.

"고등학교 졸업하고, 전기회사에 취직을 했지. 어느 날 전신주에 올라가서 작업하다가 감전이 됐어. 온몸이 새까맣게 타버렸고, 어쩔 수 없이 양팔과 오른발을 절단했어."

형님은 끔찍한 사고를 덤덤하게 이야기했어요. 그렇게 형님은 스물두 살의 나이에 양팔과 오른발이 없는 장애인이 되었습니다. 이후 그의 왼발은 양손의 역할을 하였습니다. 왼발로 밥을 먹고, 왼발로 컴퓨터를 배워 회사에 취직도 했습니다.

사업하다가 IMF 때 망해서 신용불량자가 되어 한동안 은둔

생활도 했답니다. 그가 다시 세상에 나가기 위해 선택한 것은 공부였습니다. 아내의 한 마디가 큰 영향을 주었어요.

"조금 잔인하고 냉정하게 들릴 수 있겠지만, 우리가 이대로 늙는다면 노년의 우리 삶이 어떨지 뻔한 일 아니겠어. 모아둔 재산도, 그리고 자식도 없으니까. 그러니 할 수 있을 때 공부를 해보자. 그 지식을 바탕으로 할 수 있는 일이나 사업을 찾을 수도 있잖아. 또 어쩌면 공부를 통해 새로운 기회가 올지도 모르잖아. 당신은 할 수 있어!"

그렇게 47세의 나이에 형님은 대학의 문을 두드렸고, 대구대학교 산업복지학과에 당당히 합격했습니다.

물론 장애의 몸으로 학교 생활을 하기란 쉽지 않았습니다. 집에서 버스를 두 번이나 갈아타고 다녀야 했기 때문이죠. 그러나 그는 한 번도 학교에 빠지지 않았고 직업재활학을 복수 전공하기도 했습니다. 20대 젊은 동기생들과 경쟁해서 성적 장학금까지 받았죠.

이후 그는 계속 공부를 이어갔고, 57세에 박사학위를 취득했습니다. 그리고 꿈에 그리던 대학강단에 서서 대학생을 가르치기도 했어요. 지금은 장애인협회의 리더를 맡아 장애인의 복지 향상을 위해 노력하고 있습니다. 그는 말합니다.

"매우 고통스러운 인생이었지만, 공부가 없었더라면 지금의 나는 없었다."

영화 〈국제시장〉의 실제 주인공으로 유명한 권이종 교수는 1963년 스물세 살의 나이에 돈을 벌기 위해 독일의 광부가 되었습니다. 당시 한국은 외화를 벌기 위해 청년들을 독일에 광부로

권이종 교수가 탄광에서 보던 책
출처 : 대한민국역사박물관 소식지 Vol.37

파견했습니다. 권이종 교수는 독일 메르크슈타인 광산에서 3년간 광부 생활을 하면서도 손에서 책을 놓지 않았습니다.

배움은 그에게 유일한 희망이었습니다. 이후 그는 독일에서 교육학박사 학위를 취득하고 귀국해서 대학교수가 되었습니다.

두 분을 통해 교육은 사람을 차별하지 않는다는 걸 다시 한번 깨닫게 됩니다.

공부의 고수는 근원을 찾는 데서 시작한다

옛것을 잘 익혀서
새로운 것을 깨우치게 되면
다른 사람의 스승이 될 만하다.

온고이지신 가이위사의
溫故而知新 可以爲師矣

온고지신은 옛것을 공부해서 새로운 것을 만드는 것입니다. 그 현상이 왜 생겨났는지, 그 물건이 어떻게 만들어졌는지 역사와 근원을 찾다 보면 불현듯 새로운 아이디어가 떠오르기 마련이죠.

온고지신을 평생 실천한 분이 2022년에 돌아가신 이어령 교수입니다. 그는 한평생 한국인의 말과 생각의 근원을 찾아서, 때로는 강의로 때로는 책으로 우리를 깨우쳐 주었어요.

온고지신

따뜻할 온	연고 고	알 지	새 신
溫	故	知	新

'**온고**이**지신** 가이위사의'에서 유래한 말. '온'은 따뜻하게 하다는 의미로, 옛 것을 다시 곱씹어 생각한다는 의미에서 사용됩니다. '고'는 옛날이나 과거를, '지'는 아는 것을, '신'은 새로움을 의미합니다. 지식이나 경험을 배울 때 단순히 새로운 것만을 추구하는 것이 아니라, 과거의 지식이나 경험에서 배워 새로운 아이디어나 해결책을 도출하는 것의 중요성을 말합니다.

그는 2020년에 암 말기 선고를 받고 죽음과 사투를 벌이는 절체절명의 순간에 《한국인 이야기》를 집필했습니다. 삶의 마지막까지 한국인들에게 '한국인은 어디서 왔는가?'라는 근원을 알려주기 위해서였죠.

그는 세계적인 베스트셀러였던 시오노 나나미 작가의 《로마인 이야기》에 버금가는 한국인 이야기를 쓰겠다는 각오를 다졌습니다. 자신의 마지막 시간을 《한국인 이야기》와 맞바꾼 셈이에요.

그렇게 죽음의 시간 동안 필사적으로 집필에 매달린 끝에, 마침내 원고를 출판사에 넘겼습니다. 다행히 돌아가시기 직전에 1편이 출간되었어요. 2편과 3편은 돌아가시고 난 직후에 나왔습니다.

덕분에 한국인은 이제 '로마인 이야기'가 아니라 '한국인 이야기'를 읽을 수 있게 되었습니다. 한국인의 생각과 말과 행동이 어디서 나왔는지, 그 근원을 알 수 있는 길이 생긴 것입니다.

이어령 교수의 마지막 온고지신은 《한국인 이야기》였습니다.

한편, 그는 돌아가시기 전 마지막 인터뷰에서 "'선한 인간이 이긴다는 것, 믿으라' 이어령, 넥스트', 〈조선일보〉 김지수 작가(2022.09.06) '하늘의 별이 질서 정연하듯, 우리 마음의 도덕률도 그렇다는 것을 잊지 말고, 인간의 선함을 믿으라'는 메시지를 남겼습니다.

'인仁 사상'의 핵심은 '선한 사람 되기', 즉 '착한 사람 되기'입니다. 매 순간 번뜩이는 아이디어로 모두를 놀라게 했던 이어령 교수의 작별 인사는 '서로 믿고 착한 마음을 나누는' 공자의 인 사상이었던 것입니다.

근원을 찾으면 새로운 길이 보인다

한국의 지성이라고 불린 이어령 교수는 '단어가 시작된 근원을 찾아가다 보면 그 안에서 거대한 공룡을 만난다'고 했습니다. '글'이라는 단어의 근원을 추적해 보겠습니다.

아직 글이 없던 선사시대, 사람의 마음속에 '그리움'이 깊어지면 사람들은 벽화를 그리거나 작대기로 땅에 무언가 그렸습니다. 그것이 최초의 '그림'입니다.

그러다가 '그림'만으로는 마음을 표현하고 전달하기가 부족하니까 그림을 응축해 '글'을 만들었습니다. 상형문자가 탄생한 거죠. 한자와 같은 상형문자는 모두 그림을 응축한 것이니까요.

그리움 ≫ 그림 ≫ 글

'그리움'을 두 글자로 줄이면 '그림'이 되죠. 그리고 '그림'을 하나로 줄이면 '글'이 됩니다. 글의 근원은 사람의 마음을 울리는 그리움에서 나온 것이에요. 마음속에서 터져 나오는 그 감정을 표현하기 위해 글이 탄생한 것입니다.

그러고 보니 한글이 참 아름답습니다.

모든 단어는 이름을 지을 때 이유가 있고, 스토리가 있어요. 이어령 교수의 근원 찾기를 아이들과 김해시 여행길에 적용해 봤습니다.

나 (고속도로를 달리며) 아! 이제 김해 간판이 보인다. 그런데 왜 김해라고 도시 이름을 지었을까? '김'자는 무슨 한자일까?

딸 쇠 김.

나 그럼 '해'자는 무슨 한자일까?

딸 바다 해.

나 그럼 김해는 무슨 뜻이지?

딸 철의 바다···. 철이 나는 바다!

나 그러네! 김해는 가야의 수도였고, 철기 문명으로 유명했잖아. 일본에 철을 수출도 했으니까 철이 나는 바다가 맞네.

어떤가요? 간단한 질문과 대화를 통해 '김해'의 핵심 정체성까지 파악할 수 있었습니다. 이처럼 단어의 속뜻을 따라가 보면 스토리가 나오고, 그 근원을 파악할 수 있습니다. 세상에 이유 없이 만들어진 단어와 사물은 없으니까요.

그런데 시간이 지나면서 우리는 그것이 생겨난 배경과 목적을 잊어버리게 됩니다. 그 근원을 다시 찾아 새롭게 융합시키는 것이 공부이고, 온고지신입니다.

AI를 제대로 알려면 AI를 만든 근원, 사람을 알아야 하듯이 말이죠.

공부를 잘하는 학생은 어떤 과목이든지 근원부터 파고듭니다. 만약 이성계가 조선을 건국한 이유에 관해 시험을 본다고 생각해 보세요. 단순히 건국의 이유를 외우기만 하면 금방 까먹고 말죠.

그런데 이성계가 어떤 삶을 살았고, 당시의 시대적 상황, 쿠데타를 함께 계획한 정도전은 어떤 사람인지까지 공부한다면 조선 건국의 이유를 생생하게 기억하고 표현할 수 있습니다.

우리의 뇌는 단순히 외우는 지식은 단기저장 창고로 보내고, 그 근원을 파악해 스토리로 알게 된 지식은 장기저장 창고로 보낸답니다.

수학을 공부할 때 원리를 이해하면 응용문제가 나와도 풀 수 있지만, 원리를 이해하지 못하면 조금만 다른 유형의 문제가 나와도 못 푸는 것처럼 말이죠.

역사를 배우는 것이 온고지신입니다. 옛 것온고인 '역사와 역사에 나오는 인물'을 공부함으로써 '내가 살아가야 하는 길'지신에 대해 힌트를 얻을 수 있어요.

EBS 역사 강사인 큰별쌤 최태성은 이렇게 말했습니다.

"길을 읽고 방황할 때마다 나는 역사에서 답을 찾았다."

서양문명의 탄생 : 너 자신을 알라!

아는 것을 안다고 하고
모르는 것을 모른다고 하는
것이 진정으로 아는 것이다.

지지위지지 부지위부지 시지야
知之爲知之 不知爲不知 是知也

지금 이곳은 기원전 440년 고대 그리스의 아테네 광장입니다. 저기 곱슬머리에 체구가 탄탄한 사람이 지나가는 청년들을 붙잡고 질문을 던지고 있네요. 사람들은 그를 '소크라테스'라고 부른다는군요.

소크라테스가 마침 지나가는 청년 트라시마코스에게 다가가서 질문을 던집니다.

지

알지

知

'**지**'는 안다라는 뜻입니다. '**지**지위지지 부지위부지 시지야'라는 문장에서 '**지**'란 자신의 한계와 지식의 범위를 정확히 인지하고, 이를 겸손하게 받아들이는 태도를 나타냅니다.

소크라테스	자네, 지금 기분이 어떤가?
트라시마코스	우울합니다.
소크라테스	우울하다는 것은 무엇인가?
트라시마코스	침울하다는 것입니다.
소크라테스	침울하다는 것은 무엇인가?
트라시마코스	기분이 더럽단 것입니다.
소크라테스	기분이 더럽다? 그것은 무엇인가?
트라시마코스	모르겠습니다.

트라시마코스는 질문을 받고 처음에 '우울하다'고 했습니다.

그러나 소크라테스의 꼬리 물기 질문을 받고 나서는 '왜 우울한

지, 도대체 우울하다는 건 무엇인지 모른다'고 했죠.

내가 어떤 사실을 알고 있는지, 모르고 있는지 어떻게 알 수 있을까요?

트라시마코스처럼 질문을 받고, 답을 하는 과정에서 알게 됩니다. 자기 자신에게 질문할 수도 있죠. 소크라테스는 질문을 던졌고, 트라시마코스는 답을 못했습니다.

바로 그 순간! '무지의 자각'이 일어납니다. 무지의 자각은 '내가 모르는 것을 스스로 깨닫게 되는 것'을 말합니다. 트라시마코스는 소크라테스에게 받은 질문을 통해 무지의 자각을 하고, '내가 왜 우울하다고 했을까? 우울한 건 뭘까?' 생각합니다.

소크라테스의 위대함은 여기에 있습니다. 그는 아테네 광장에서 자신이 알고 있는 지식을 교육하지 않았어요. 단지 지나가는 사람을 붙잡고 질문했을 뿐입니다. 소크라테스는 질문을 통해 사람들이 모르는 것을 깨닫게 하고, 스스로 참된 진리를 찾도록 도와주었습니다.

소크라테스의 질문법을 사람들은 '산파술'이라고 불렀습니다.
소크라테스의 산파술에는 두 가지 뜻이 있어요.

첫 번째, '산파'는 아이를 낳을 때 도와주는 사람을 뜻하죠.
그리고 '술'은 질문 기술을 말합니다. 즉, '끊임없는 질문을 통해
사람들이 스스로 지식과 지혜를 낳도록 도와주는 것'을 산파술
이라고 합니다. 우리말로 쉽게 표현하면 질문 꼬리 물기입니다.

두 번째, 소크라테스의 질문 꼬리 물기 대화법이 서양문명의
산파 역할을 했다는 뜻입니다. 소크라테스의 질문식 대화법은
귀납법으로 이어집니다.

귀납법은 여러 실험을 하고 공통된 결과를 얻어서 하나의
이론을 증명하는 방법입니다. 여러 실험을 하는 것은 여러 질문
을 던지는 것과 같은 거죠.

뉴턴의 만유인력의 법칙을 볼까요? 뉴턴은 사과나무에서 사
과가 떨어진 것을 보고, '왜 모든 물체는 위에서 아래로 떨어질
까?'라는 의문을 가졌죠. 그리고 실험을 했습니다. 돌도 던져보고,
신발도 던져보고, 책도 던져봤죠. 뉴턴은 물건이 모두 하늘에서

땅으로 떨어지는 것을 확인하고, 만유인력의 법칙이라는 이론을 발표합니다.

뉴턴이 던진 돌, 신발, 책은 소크라테스가 던진 질문 꼬리 물기와 똑같습니다. 이처럼 소크라테스의 질문식 대화법은 서양의 과학기술과 학문의 중요한 시작이 되었습니다.

소크라테스에게는 공자처럼 여러 제자가 있었어요. 그중에 플라톤(기원전 428~348년)은 소크라테스에 관한 여러 책을 출간하고, 산파술을 활용하여 자신의 철학을 완성합니다.

플라톤에게는 똑똑한 제자가 있었는데 바로 아리스토텔레스(기원전 384~322년)입니다. 아리스토텔레스는 플라톤이 만든 아카데미아에서 20년 동안 교육을 받았고, 소크라테스의 산파술을 기반으로 윤리학, 자연학, 정치학, 우주론 등의 다양한 이론을 정립합니다.

어느 날 마케도니아의 왕 필리포스 2세는 아리스토텔레스에게 자신의 아들 알렉산더(기원전 336~323년)의 가정교사가 되어 달라고 부탁해요. 아리스토텔레스와 마케도니아의 왕 필리포스

2세는 친구였거든요. 이후 알렉산더는 8년 동안 아리스토텔레스의 교육을 받습니다. 알렉산더는 아리스토텔레스를 통해 소크라테스의 산파술과 사상, 플라톤의 사상, 아리스토텔레스의 사상을 모두 흡수하게 됩니다.

이후 필리포스 2세가 죽자 알렉산더는 왕에 오르고 아시아로 정복 전쟁을 떠납니다. 저 멀리 인도까지 갔었죠. 그는 당시 세계에서 가장 강력한 나라 중 하나였던 페르시아를 정복하고, 이집트에서는 파라오로 즉위합니다.

그리고 그는 자신이 교육받고 체험한 사상들을 융합시켜서 이집트에 '알렉산드리아'라는 신도시를 건설합니다. 이후 프랜차이즈처럼 약 70개의 알렉산드리아 도시를 아시아 곳곳에 만듭니다.

알렉산더 대왕이 죽고 그의 동료이자 신하였던 프톨레마이오스가 이집트의 파라오가 되었죠. 프톨레마이오스 왕국(기원전 305~30년)은 이후 약 300년을 통치하면서 소크라테스로부터 시작된 헬레니즘그리스 문명을 완성합니다. 프톨레마이오스 왕국의

소크라테스에서 시작되어 로마 문명으로 꽃핀 헬레니즘 문화

마지막 왕이 그 유명한 '클레오파트라'입니다. 클레오파트라는 기원전 30년에 로마와 전쟁을 하다가 죽습니다.

그리고 헬레니즘은 로마로 이어집니다. 그래서 헬레니즘을 그리스-로마 문명 이라고도 하죠.

서양문명의 근원인 헬레니즘은 소크라테스에서 시작해 로마로 이어져 화려한 꽃을 피우고, 현재까지 이어집니다.

오늘날 소크라테스가 세계 4대 성인으로 추앙받는 것은 서양문명의 창시자이기 때문입니다. 그 서양문명의 시작은 '질문으로 모르는 것을 알게 하고, 스스로 참된 진리를 찾도록 도와준 소크라테스의 산파술'에서 시작되었습니다.

동양문명의 창시자 공자와 서양문명의 창시자 소크라테스는 모르는 것을 스스로 인식하고, 배워 나가는 것을 공부의 시작으로 보았습니다. 그 해답을 찾는 과정에서 문명이 탄생한 것입니다.

시로 느끼는 영혼의 울림

어찌하여
시를 배우지 않는가?

소자하막학부시
小子何莫學夫詩

공자가 말했습니다.

너희는 어찌하여 시를 배우지 않는가?

시는 내면의 감정을 일으키고, 새로운 관점을 볼 수 있고,

공감을 통해 집단화할 수 있고, 가슴의 원망을 표출할 수 있고,

가까이는 부모를 섬길 수 있고, 멀리는 임금을 섬길 수 있으며,

짐승과 초목의 이름을 많이 알게 하는 장점이 있다.

시

시시

詩

'**시**'는 시나 시조와 같은 시적 작품을 의미하는데 가끔은 아예 《시경》을 뜻하기도 해요. 이 글자는 부수 言(언)과 寺(사)로 이뤄져 있는데, 여기서'언'은 '말'을 의미하죠. 시가 언어를 통해 표현되는 예술이라는 것을 글자 자체로 표현한 것입니다.

시는 짧지만 강렬합니다. 마음속의 날 것을 드러냅니다. 사람의 원초적인 감정과 생각이 글로 표현되면 그게 곧 시입니다.

동양 최초의 문학작품은 공자가 쓴 《시경》입니다. 고대부터 전해지던 전통 시 3천여 편을 수집하고 추려서 305편의 시집으로 묶은 것이에요.

서양 최초의 문학작품도 시입니다. 호메로스의 서사시인 《일리아스》와 《오디세이아》가 그 시작이죠. 서사시는 영웅의 위대한 업적이나 역사적 사건을 긴 시로 써내는 독특한 장르입니다. 《일리아스》는 10년 동안 벌어진 트로이 전쟁의 마지막

51일의 이야기를 담았고, 아킬레우스가 주인공으로 등장합니다. 《오디세이아》는 트로이 전쟁 후 오디세우스가 겪는 10년간의 방랑 이야기를 시로 쓴 것입니다. 두 서사시 모두 예전부터 전해지던 노래를 글로 옮긴 것이에요.

노래, 춤, 시는 한 몸입니다. 노래를 몸으로 나타내면 춤이 되고, 글로 나타내면 시가 됩니다. 동서양의 문학작품이 모두 시로 출발한 것은 우연이 아닙니다. 시가 인간의 본능에 가장 가깝기 때문이죠.

공자는 배움의 시작을 시로 보았습니다. 어느 날 공자의 아들 공리가 집 앞마당을 지나가고 있었습니다. 공자는 아들을 불러 세우고 물었어요.

공자 　시경을 공부하였느냐?
아들 　아직 공부하지 못했습니다.
공자 　시경은 모든 공부의 시작이다. 시경을 공부하지 않으면
　　　 사람과 사귀지 못한다.

왜 공자는 시를 공부하지 않으면 사람과 사귀지 못한다고 했을까요? 시를 통해 사람의 감정을 읽고 공감력을 배우면, 타인과 쉽게 소통할 수 있기 때문이죠.

조선통신사의 사례에서도 그 답을 찾을 수 있습니다. 조선은 임진왜란이 끝나고 일본과 교류하기 위해 조선통신사를 파견합니다. 조선통신사는 1607~1811년 사이 열두 번에 걸쳐 일본에 갑니다. 500명에 이르는 큰 사절단이었죠.

조선통신사는 일본의 백성들로부터 열렬한 환영을 받았고, 일본 문화에 큰 영향을 끼쳤습니다.

그런데 통역관을 제외하고 대부분의 조선인과 일본인은 말이 통하지 않아 친해지기가 어려웠습니다. 그때 사람들은 서로 친해지기 위해 '시 배틀'을 벌입니다. 말은 달랐지만 글자는 모두 한자를 썼기 때문에 가능했죠. 서로 시를 주고받으면서 친해집니다.

나고야의 유학자 마쓰다이라 군산松平君山은 시 배틀에 참여하고, "조선의 선비들과 시를 주고받은 이 순간은 불후의 영광이었다"라고 기록을 남겼습니다. 시를 주고받는 현장의 분위기

1764년 3월 29일, 조선통신사 관리와 일본 관리들이
'시 배를' 을 벌이는 모습

가 얼마나 뜨거웠는지 느껴지네요.

조선은 청나라에도 주기적으로 '동지사'라고 하는 외교사절
단을 파견했습니다. 그때 고위관리들은 '자제군관' 제도를 활용
해 자기 아들에게 임시로 군인 신분을 부여하고 청나라에 데려
가 선진 문물을 경험시켰어요.

1810년에 추사 김정희도 아버지 김노경을 따라 자제군관으
로 연경베이징에 갔습니다. 그곳에서 김정희는 청나라 학자들과

'시 배틀'을 벌였습니다. 김정희의 실력이 청나라에 금방 소문나면서 당대 최고의 학자들이 김정희를 찾아와 시 배틀을 하고, 끈끈한 친구가 되었죠.

김정희는 중국에 6개월 정도 머물면서 시로 한류스타가 되었습니다. 그때 사귄 청나라 학자들은 나중에 김정희가 제주도로 유배 갔다는 소식을 듣고, 김정희를 걱정하고 위로하는 시를 써서 편지로 보내왔답니다.

시는 일제 강점기에 독립운동에도 중요한 역할을 했습니다. 군인은 총으로 독립운동을 하고, 시인은 시로 독립운동을 했던 것이죠.

시는 가장 평화적인 비폭력 독립운동입니다. 그런 시인이 한용운, 윤동주, 이육사, 이상화, 심훈, 김영랑 등이죠. 그들의 시는 한국인의 정체성과 독립정신이 꺼지지 않고 계속 타오르게 하는 등불이 되었습니다.

한용운은 〈님의 침묵〉이라는 시에서 '빼앗긴 나라'를 '사랑하는 님'으로 표현하고 님이 떠나간 슬픔을 이야기합니다. 그러나 마지막 부분에 '우리는 만날 때에 떠날 것을 염려하는 것과 같이 떠날 때에 다시 만날 것을 믿습니다'라며 간절한 독립의 희망을 말합니다.

세상에서 가장 아름다운 독립운동 시, 한용운의 〈님의 침묵〉을 마음으로 읽어보면 어떨까요?

님은 갔습니다. 아아, 사랑하는 나의 님은 갔습니다.

푸른 산빛을 깨치고 단풍나무 숲을 향하여 난 작은 길을 걸어서, 차마 떨치고 갔습니다.

황금의 꽃같이 굳고 빛나던 옛 맹세는 차디찬 티끌이 되어서 한숨의 미풍에 날아갔습니다.

날카로운 첫 키스의 추억은 나의 운명의 지침을 돌려놓고, 뒷걸음쳐서 사라졌습니다.

나는 향기로운 님의 말소리에 귀먹고, 꽃다운 님의 얼굴에 눈멀었습니다.

사랑도 사람의 일이라, 만날 때에 미리 떠날 것을 염려하고 경계하지 아니한 것은 아니지만,

이별은 뜻밖의 일이 되고, 놀란 가슴은 새로운 슬픔에 터집니다.

그러나 이별을 쓸데없는 눈물의 원천을 만들고 마는 것은 스스로

사랑을 깨치는 것인 줄 아는 까닭에, 걷잡을 수 없는 슬픔의 힘을 옮겨서 새 희망의 정수박이에 들어부었습니다.

우리는 만날 때에 떠날 것을 염려하는 것과 같이 떠날 때에 다시 만날 것을 믿습니다.

아아, 님은 갔지마는 나는 님을 보내지 아니하였습니다.

제 곡조를 못 이기는 사랑의 노래는 님의 침묵을 휩싸고 돕니다.

05

논어 속으로

그대, 어떻게 살 것인가

경험은 최고의 스승이다

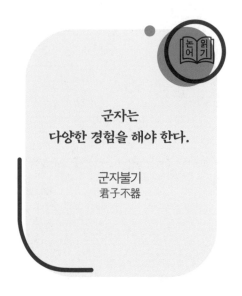

군자는
다양한 경험을 해야 한다.

군자불기
君子不器

삶의 경험은 언제나 저를 성장시켰습니다. 그 경험이 때로는 기쁨을 주었고, 때로는 슬픔을 주었고, 때로는 아픔을 주었죠. 그 경험 없이 '나'라는 사람은 존재하지 않습니다. 살아가면서 얻은 경험의 총합이 '나'를 만들었습니다. 경험이 쌓여 오늘의 내가 있는 것이지요.

저는 우리 아이들에게 도둑질 빼고 다 경험해 보라고 말합니다. 인생의 반을 산 지금 돌아보니 모든 경험은 저에게 도움이

군자

임금군	아들자
君	子

'**군**'은 본래 군주, 임금을 뜻해요. 즉, 리더십과 책임을 가지는 자리죠. 공자가 말하는 '군자'는 누구나 지향해야 할 이상적인 인격과 행동의 모델입니다. 정직, 공정, 자비, 용기 등의 덕목을 갖추어야 하고, 개인적으로는 학문과 도덕적 수양에 힘써야 군자에 이를 수 있어요.

되었거든요.

사랑도 마찬가지입니다. 여자친구한테 차여서 그 순간에는 세상이 무너질 것 같았는데, 시간이 조금 흐르니 그 사랑도 무뎌지더라고요. 아! 시간은 모든 것을 무디게 만드는 최고의 약이라는 것을 몸소 경험했어요. 물론 사랑의 냉혹함도 깨닫게 되었죠.

그다음번에는 밀당도 좀 하고, 조금은 세련된 연애를 하게 되었습니다. 무작정 잘해주거나 서두르면 오히려 역효과가 날 수 있다는 교훈을 실패한 연애를 통해 얻었거든요.

고등학교 졸업 후, 뭘 할지 막막하던 저는 돈도 벌고 군 복무도 해결할 겸 직업군인이 되었습니다. 군대에 가서 정말 다양한 경험을 했습니다. 삽질하는 방법, 텐트 치는 방법, 월급을 모아서 저축하는 방법, 상급자와 하급자를 대하는 방법, 행군할 때 발바닥에 물집 잡히지 않는 방법 등등.

그리고 군대에서 제 적성을 발견하게 됩니다.

교관으로 병사를 교육하면서 제가 교육에 소질이 있다는 것을 처음으로 알게 되었어요. 저는 군대에서 사격 교관, 수류탄 교관, 지뢰 교관, 화생방 교관, 발칸포 교관 등 정말 많은 교관을 수행했어요.

막연하게나마 제대하면 교육 관련 일을 하고 싶다는 생각이 들었죠. 그때 흙먼지 날리는 연병장에서 교관을 경험하지 않았다면 제가 지금 대학교수를 하고 있을까요?

어느 날 딸이 향수를 만드는 '조향사'가 되고 싶다고 했습니다. 6학년 때였어요. 저는 주저 없이 딸이 다닐 수 있는 학원을 찾아봤습니다. 제가 사는 세종시에는 없었고, 청주시에 있었어요.

먼저 전화를 했는데, 성인만 다니는 곳이라서 안 된다는 거였습니다. 사정을 해서 방학 때 10시간 과정을 보냈어요. 10시간을 마친 딸이 제게 말했습니다.

딸   아빠 나는 조향사는 못 하겠어.

나   왜?

딸   향수 냄새를 오래 맡으니까 너무 머리가 아파.

나   …….

그렇게 딸은 실제 경험을 통해 조향사가 자신과 맞지 않음을 알게 되었어요. 만약에 조향 학원에 가서 실제 경험하지 않았다면 어땠을까요? 막연하게 조향사를 꿈꾸며 관련 학과로 갔을 수도 있겠죠. 그랬다면 인생의 많은 시간을 낭비했을 거예요.

그런데 실제로 청소년들은 막연한 느낌과 얕은 지식으로 자신의 진로를 선택하는 경우가 많아요. 그보다 안 좋은 상황은 성적대로 학교에 입학하고, 학과를 고르는 것이죠.

최악의 경우는 그렇게 대학에 들어가서 자신의 적성에 맞지 않는 것을 알았지만, 끝까지 참고 졸업하는 것입니다. 이후 대학의 전공과 아무 관계가 없는 곳에 취직을 해서 일을 하죠. 그저

먹고살기 위해 직장을 다니는 것입니다.

안타까운 것은 한국사회에 그런 사람이 생각보다 아주 많다는 겁니다. 인생은 너무나 짧은데, 정말 시간이 아깝죠.

《멈추지 마, 다시 꿈부터 써봐》꿈꾸는지구(2019)의 저자 김수영은 중학교를 중퇴하고, 실업계 고등학교에 다녔습니다. 이후 그녀는 간절한 꿈을 이루기 위해 노력한 끝에 자신이 원하던 대학교에 진학했습니다. 그녀는 73개의 꿈을 작성하고, 이를 이루기 위해 세계를 여행하며 다양한 경험을 쌓았어요.

김수영은 〈채널예스〉와 인터뷰'대한민국 대표 꿈쟁이 김수영, 마법의 꿈 쓰기'에서 '우리는 유한한 인생을 살고 있으며, 그 인생은 순간의 선택들이 모여 만들어진다'고 말합니다. 가능한 한 자신의 꿈을 위한 선택을 하고, 그러한 선택들이 모이면 삶의 모습이 크게 달라질 것이라고 강조했습니다.

스티브 잡스 또한 인생에서 했던 수많은 경험이 나중에 하나로 연결되어 자신의 인생을 바꿨다고 말했습니다. 그가 스탠퍼드 대학교에서 했던 연설을 볼까요.

순전히 호기심과 직감만을 따라 저지른 일들이 훗날 정말 귀중한 경험이 되었습니다.

물론 제가 대학에 다닐 때는 앞을 내다보며 점각각의 경험을 가리킴들을 연결하는 것은 불가능했습니다. 그러나 10년이 지난 후 뒤돌아보니 분명하게 보이네요.

우리는 이러한 점들이 미래에 연결될 것이라고 믿어야 합니다.

그래야 가슴이 시키는 일을 자신 있게 따라갈 수 있습니다.

이것이 모든 차이를 만들어낼 것입니다.

당신이 용기를 내어 도전했던 수많은 경험은 점들이 되고, 언젠가 하나로 이어져 놀라운 인생을 선물해 줄 거예요.

나를 관찰하고 성찰하라

증자가 말한다.
나는 날마다 세 가지를 성찰한다.
남을 위하여 최선을 다해 일했는가?
친구들에게 신뢰를 다 했는가?
오늘 공부를 완전히 내 것으로 만들었는가?

증자왈 오일삼성오신 위인모이불충호
曾子曰 吾日三省吾身 爲人謀而不忠乎

여붕우교이불신호 전불습호
與朋友交而不信乎 傳不習乎

오늘 하루, 나 자신을 얼마나 생각했나요? 그런 시간이 적었다면 잠시 저를 따라 해 보세요. 눈을 감고 코로 들어오고 나가는 숨에 집중하면 금방 마음이 차분해진답니다. 간단하면서도 효과가 좋은 '나를 위한 명상' 방법입니다.

명상을 하면서 오늘 자신의 하루를 한 번 돌아보세요. 결국 삶을 살아가는 것은 나의 마음과 몸이잖아요. 나에 대한 애정으로 따스한 칭찬의 한마디, 위로의 한 마디 건네면 어떨까요?

삼성오신

석삼	살필 성	나 오	몸 신
三	省	吾	身

하루에 세(三) 가지를 살핀다는 의미로, '**성**'에는 '돌아보다', '반성하다'라는 뜻이 있어요. '**오신**'이란 나의 몸, 나 자신을 의미하는 것으로 여기서는 자신의 행동, 말, 생각 등 전반적인 자기 자신을 가리킵니다. 매일 자신을 꼼꼼히 돌아보고 잘못된 점을 고쳐 나가야 한다는 것이죠.

나를 둘러싼 환경과 타인에 대해서는 민감하게 생각하면서, 정작 자신에게는 무관심한 사람이 많아요. 나에 대한 관찰과 성찰^{반성} 이 없으면 삶이 불안하고, 목적 없는 삶을 살아가게 됩니다. '생각 없이 살면 사는 대로 생각하게 된다'라는 말처럼요.

《사피엔스》를 쓴 세계적인 석학 유발 하라리는 한때 방황을 겪으면서 마음이 몹시 괴로웠던 적이 있었어요. 그때 하라리를 구원했던 것은 명상이었습니다. 명상으로 자신을 돌아보고 스스로 마음을 치유했다고 해요.

그는 《21세기를 위한 21가지 제언》김영사(2018)이라는 책에서 이런 질문을 던집니다.

"삶의 의미, 자신에 관한 진실을 알고 싶은가?"

그는 경험을 토대로, 명상이 자신의 정신을 직접 관찰하는 좋은 방법이라고 말합니다. 하라리의 명상법은 널리 알려져 있는데요. 아주 간단하지만 효과가 크니까 한번 따라 해 볼까요?

우선 눈을 감고 자신의 호흡에 집중하세요. 그리고 코에 숨이 들어오고 나가는 것을 자연스럽게 느끼기만 하면 됩니다.

이렇게 매일 5분만 해도 마음이 차분해지고 살아있는 나를 느낄 수 있답니다.

여전히 하라리는 명상으로 매일 자신을 만난다고 해요. 그리고 일 년에 두 달은 집중 명상을 하기 위해 여행을 떠난다고 하네요.

마이크로소프트의 창업자 빌 게이츠는 20년 넘게 세계 부자 순위 1위에 올라 있어요. 그는 '생각하는 주간Think Week'이 자신의 성공 비결이라고 밝혔습니다. 싱크위크를 통해 자신을 관찰하고 성찰한 후에 통찰과 깨달음을 얻는다고 해요.

그는 싱크위크를 위해 매년 두 번씩, 일주일간 외부와 단절하고, 독서와 사색의 시간을 가집니다. 20대부터 시작된 싱크위크는 현재까지 이어져 왔고, 그의 혁신적인 아이디어와 비전의 중요한 원천으로 알려져 있습니다.

실제로 그 결과물로 탄생한 것이 인터넷의 대중화와 태블릿 PC입니다. 빌 게이츠는 싱크위크의 효과를 깨달은 뒤, 마이크로소프트의 직원들에게도 일 년에 2주씩 생각하는 시간을 갖도록 배려하고 있답니다.

열다섯 살에 의료사고로 하반신 불구가 된 소녀가 있습니다. 다시 걷기 위해 부단히 노력했지만, 나아지지 않았어요. 평생 휠체어를 타고 살아야 하는 것이었죠. 결국 3년 간의 긴 병원 생활을 뒤로하고 퇴원했습니다.

혼자서는 자기 집 마당에조차 나가기 힘든 상황, 집 밖에서 마주하게 되는 사람들의 낯선 시선…. 아직 어린 소녀의 입장에서 휠체어 장애인이 된 후 생활은 좌절의 연속이었습니다.

그러나 그대로 절망할 수는 없는 일이죠. 절망을 희망으로 바꾸기 위해서는 무엇을 해야 할까요? 그녀는 공부를 선택했습니다.

그녀의 학력은 병원에 입원했던 중학교 2학년에 멈춰 있었습니다. 친구들은 벌써 고등학교 2학년이 되어서 대학교 입시를 앞두고 있었죠. 고민 끝에 그녀는 중학교 기초부터 새로 시작했어요.

그때 불안하고 흔들리는 자신의 마음을 다잡기 위해 일기를 쓰기 시작했다고 해요. 일기를 통해 자신과 대화하면서 때로는 칭찬을, 때로는 화를, 때로는 위로를 하면서 자신의 마음을 안정시켰습니다.

그리고 오늘 공부했던 내용을 정리해서 쓰면서 느리지만 조금씩 앞으로 나아갔습니다.

마침내 그녀는 고입 검정고시, 대입 검정고시에 합격하고, 수능시험을 보고 이화여대 법학과에 합격을 했습니다. 4년 동안 휠체어를 타고 대학교를 다니면서 수많은 어려움을 겪었지만 우수한 성적으로 졸업하고 로스쿨에 합격했죠.

이후 자신의 꿈이었던 변호사 시험에 합격하고, 지금은 변호사로 활동하고 있는 이소희 씨의 이야기입니다. 그녀는 자신의 책 ≪걷지 못해도 나는 날마다 일어선다≫ 예문(2024)에서 이렇게 말합니다.

걷지 못해도 나는 날마다 일어선다.
나 자신에게 나를 증명하는 것은 용기이다.

그녀의 용기는 매일 자기 자신을 성찰한 힘에서 나오지 않았을까요?

그대, 어떻게 살 것인가?

나는 열다섯에 학문에 뜻을 뒀고,
서른 살에 독립을 했고,
마흔 살에 유혹되지 않았고, 쉰 살에 세상을
알았고, 예순 살에 남의 말을 듣게 됐고, 일흔에
마음 내키는 대로 했으나 법도에 어긋나지 않았다.

오십유오이지우학 삼십이립 사십이불혹
吾十有五而志于學 三十而立 四十而不惑
오십이지천명 육십이이순 칠십이종심소욕
五十而知天命 六十而耳順 七十而從心所欲

당당하게 자신의 삶을 평가할 수 있는 사람이 얼마나 될까
요? 공자는 《논어》에서 자신의 삶을 분명하게 평가합니다. 그런
자신감은 스스로의 삶에 대해 만족하고, 최선의 노력을 다해 살
아왔다는 증거이겠죠.

《논어》에 담긴 공자의 저 문장은 역사상 가장 짧은 자서전이
라고도 합니다. 그러나 그 의미만큼은 아주 깊어요.

우리가 삶을 돌아볼 때 자주 쓰는 30세에 이립, 40세에 불혹,

불혹

아닐 **불**　미혹할 **혹**

不　惑

마흔 살을 가리키는 말로 일상생활에서도 흔히 쓰는 **'불혹'**, 원래는 《논어》에서 나온 말이랍니다. 흔들리지 않는 나이라는 뜻이죠. 같은 구절에서 나온 '지천명'과 '이순'도 각각 50세와 60세를 가리키는 말로 자주 쓰이니 기억해 두면 좋겠습니다.

50세에 지천명, 60세에 이순 등이 여기서 나온 말이죠. 어쩌면 이 말들은 공자가 우리에게 '이렇게 살아라'라고 주는 가르침이 아닐까요?

사실, 이 구절과 같은 삶을 살기란 쉽지 않은 것 같아요. 저는 이제 40대 중반을 넘어가는 나이지만, 여전히 세상의 유혹에 수 없이 흔들리고 있답니다. 돈 많고, 친구 많고, 공부 잘하는 사람도 마음속에는 늘 불안과 부족함을 안고 흔들리며 살아갑니다. 지금 마음이 힘들다면, 불안하다면, 흔들리고 있다면 너무 걱정하지 말아요. 사람이라면 누구나 그렇답니다.

인생은 태어난 순간부터 죽음 속으로 걸어가는 과정입니다. 그러나 젊음의 순간에는 늘 죽음을 잊고 살죠. 내일을 잘 살기 위한 방법은 간단해요. 오늘 최선을 다해 살면 됩니다. 그 오늘이 쌓여 당신의 인생이 되는 것입니다.

살아보니 세상에 공짜는 없었어요. 오늘 게으름을 피우면 내일은 두 배로 시간을 쏟고 노력을 해서 어제의 그 게으름을 갚아야 합니다. 게으름이 너무 많이 쌓여 더 이상 갚을 수 없을 때 그 인생은 파산하고 망합니다.

당신의 미래가 궁금한가요?

미래의 당신을 보려면, 오늘 당신이 무슨 생각을 하고, 어떤 실천을 하고 있는지 보면 됩니다.

붓다부처님가 싯다르타 왕자였을 때입니다. 어느 날 성 밖의 세상이 너무나 궁금하여 아버지인 왕에게 간청해서 신하들과 나들이를 나갔어요.

큰 마차를 타고 길을 가는데 어느 노인과 마주쳤습니다. 그 노인은 온통 흰머리에 얼굴에는 굵은 주름이 새겨져 있었죠.

꼬부랑 지팡이를 들이대며 붓다에게 알아들을 수 없는 말을 중얼거렸습니다. 붓다는 매우 놀랐어요. 그동안 성 안에서만 살아서 노인을 한 번도 보지 못했기 때문이죠.

붓다는 신하에게 물었어요.

"저 사람은 왜 저런 거지요?"

"네, 왕자님. 사람이 늙고 병들면 다 저렇게 되는 게 세상 이치입니다."

그때 붓다는 하늘을 물끄러미 보며 말했어요.

"오, 불행이로다. 약하고 무지한 인간들이 젊음만이 가질 수 있는 자만심에 취하여 늙음을 보지 못하는구나. 어서 집으로 돌아가자. 놀이며 즐거움이 다 무슨 소용이란 말인가!"

그리고 붓다는 인간의 생로병사태어나고 늙고 병들고 죽는 일와 삶을 깨닫기 위해 보리수나무 아래에서 수행에 들어갔습니다.

붓다는 처음 본 노인을 보고 큰 깨달음을 얻었죠. 하지만 100세 이상의 노인을 흔하게 보는 지금에도, 우리는 젊음만이 가지는 자만심에 취해 늙음을 보지 못하고 있는 것이 아닌가 합니다. 인생은 생각보다 짧습니다.

사람은 시간의 순서대로 태어나지만, 죽음에는 순서가 없어요. 어느 날 예고 없이 찾아오죠. 공자처럼 죽음을 앞두고 삶을 돌아보았을 때 후회하지 않고, 자신의 삶을 행복하게 평가하고 싶다면 이 말을 기억하세요.

지금 최선을 다해, 오늘을 충실하게 사세요.

카르페디엠Carpe Diem!

성형수술 없이 얼굴을 예쁘게 하는 방법

몸짓과 표정을 함부로 하지 않고
사나운 태도와 게으른 태도를 멀리한다.
얼굴빛을 환하게 하고 믿음직한 태도를 유지한다.
말과 어조를 조심하고
천박하고 거짓된 말을 멀리한다.

동용모 사원포만의 정안색 사근신의
動容貌 斯遠暴慢矣 正顏色 斯近信矣

출사기 사원비배의
出辭氣 斯遠鄙倍矣

표정이 환하고 말씨가 상냥한 사람을 만나면 덩달아 기분이 좋아집니다. 그리고 왠지 그 사람에게 잘 대해주고 싶은 생각이 듭니다.

반면에 얼굴 표정이 어둡고, 거친 말을 내뱉는 사람을 만나면 기분이 우울해지죠. 그리고 왠지 그 사람과는 거리를 두고 싶어집니다.

안색

낯 안	빛 색
顔	色

'**안**'은 얼굴이나 면모를 뜻해요. '**색**'은 색상, 색깔을 뜻하지만 더 넓은 의미로 표정이나 기색을 의미하기도 합니다. '**안색**'은 글자 그대로 풀면 '얼굴의 색깔'이란 뜻이에요. 사람의 건강 상태, 감정 상태, 또는 기분 등 밖으로 드러나는 얼굴의 변화를 가리킬 때 쓰입니다.

당신의 평소 표정과 말투는 어떤가요?

자신의 얼굴 표정과 말투는 타인에 영향을 주기도 하지만, 가장 영향을 받는 사람은 '나 자신'입니다. 부정적인 생각을 하는 동시에 몸과 마음은 생기를 잃고 축 처집니다. 화가 나서 욕을 하면 그 욕을 가장 먼저 듣는 사람은 '나'입니다. 욕을 들으면 기분 좋은 사람은 아무도 없죠. 자신이 한 욕은 그대로 나에게 돌아와 나의 기분을 망치고, 스스로를 우울하게 만듭니다.

김구 선생님은 이렇게 말했습니다.

지옥을 만드는 방법은 간단하다.

가까이 있는 사람을 미워하면 된다.

천국을 만드는 방법도 간단하다.

가까이 있는 사람을 사랑하면 된다.

모든 것이 다 가까이에서 시작된다.

상처를 받을 것인지 말 것인지 내가 결정한다.

또 상처를 키울 것인지 말 것인지도 내가 결정한다.

그 사람 행동은 어쩔 수 없지만 반응은 언제나 내 몫이다.

산고를 겪어야 새 생명이 태어나고, 꽃샘추위를 겪어야

봄이 오며, 어둠이 지나야 새벽이 온다.

거칠게 말할수록 거칠어지고, 음란하게 말할수록 음란해지며,

사납게 말할수록 사나워진다.

결국 모든 것이 나로부터 시작되는 것이다.

나를 다스려야 뜻을 이룬다. 모든 것은 나 자신에 달려 있다.

얼굴은 '얼'과 '굴'을 합친 말로써 순수 우리말입니다. 얼은 마음과 정신을 뜻하고, 굴은 동굴과 같이 깊은 공간을 말합니다. 즉, 얼굴은 나의 영혼이 들어오고 나가는 곳을 뜻합니다. 그래서

사람을 볼 때 가장 먼저 얼굴을 보는 것이죠.

얼굴을 보면 그 사람의 마음을 어느 정도 읽을 수 있습니다. 잘 생기고 못 생기고는 당장 내가 어찌할 수 없는 부분입니다. 그러나 얼굴을 환하게 하거나, 찡그리는 것은 순전히 나의 의지로 가능합니다.

지금 실험을 해볼까요?

입꼬리를 자연스럽게 올리고, 눈은 따스하게 사물을 바라보며, 온화한 표정을 지어보세요. 그 순간 마음이 평화로워지는 걸 느낄 수 있을 거예요.

흔히 마흔이 지나면 그 사람의 일생이 얼굴에 드러난다고 합니다. 아무리 잘생긴 얼굴이라도 평소에 거친 말을 하고, 사나운 표정을 지은 사람은 그것이 누적되어 험상궂은 얼굴로 변하게 됩니다. 그런 사람은 타고난 미남, 미녀라도 나이가 들수록 점점 더 못생겨집니다. 자신이 그렇게 만드는 것이지요.

타고난 나의 얼굴이 마음에 안 들어 성형수술로 고칠 수는 있죠. 하지만 그런 얼굴은 어딘가 부자연스러워 보입니다.

나의 얼굴을 자연스럽게 예쁘게 고치는 가장 좋은 방법은 온화하고 환한 표정을 자주 짓는 겁니다. 그러면 나의 마음도 동시에 아름다워지죠. 왜냐면 얼굴과 마음은 연결되어 있으니까요.

하루를 망치고 싶으면 부정적인 생각을 하고, 욕을 하고, 침울한 표정을 지으면 됩니다.

행복한 하루를 보내고 싶다면 긍정적인 생각을 하고, 온화한 표정을 짓고, 부드러운 말을 쓰면 됩니다.

오늘, 어떤 하루를 보내고 싶나요?

자신의 한계를 설정하지 마라

염구가 말했다. "선생님의 가르침을 좋아하지만 저는 힘이 부족합니다."
공자가 말했다.
"힘이 부족하면 중간에 그만둘 수 있다. 하지만 너는 시작도 안 하고 미리 못한다고 말하는구나."

염구왈 비불열자지도 역부족야
冉求曰 非不說子之道 力不足也

자왈 역부족자 중도이폐 금여획
子曰 力不足者 中道而廢 今女劃

위의 구절은 공자의 제자인 염구와 공자의 대화입니다. 염구는 자신의 한계를 미리 설정하고 해 보려는 시도조차 하지 않았어요. 공자는 염구의 잠재력을 알고 있었기 때문에 그런 염구가 안타까웠죠. 그에 대해 가르침을 주는 장면입니다.

당신은 어떤가요? 어떤 일을 해보지도 않고, 미리 '나는 할 수 없다'고 말하지는 않나요? 때로는 더 할 수 있는데도 '나는

역부족

힘 력	아닐 부	발 족
力	不	足

글자 그대로 풀이하면 '힘이 충분하지 않다'는 뜻입니다. 어떤 일을 해내기에 필요한 힘이나 능력이 모자라다는 뜻으로, 일상생활에서 흔히 사용하는 말이죠. 이 구절에서는 공자의 가르침을 따르는 데 필요한 능력이나 의지가 부족하다는 뜻으로 쓰이고 있습니다.

이것밖에 못해'라고 스스로 한계를 짓지는 않나요?

그 말을 하는 순간 당신의 뇌는 '맞아, 너는 못해'라고 바로 명령을 내리고, 못 하는 방향으로 계속 당신을 이끕니다. 결국 그 일을 할 수 없게 되죠. 내가 도달할 수 있는 한계를 미리 설정하면 성장하지 못합니다. 자신이 설정한 그 한계선에 도달하면 스스로 그만두기 때문입니다.

우리의 뇌는 참으로 똑똑해서 내가 생각한 만큼만 능력을 발휘합니다. 예를 들어, '국어시험 70점이 목표야'라고 하면 70점 정도의 노력만 해요. 그러나 '국어시험 90점이 목표야'라고 하면 90점을 맞기 위한 노력을 하게 되죠. 당신이 '이게 나의 목표야'라고 하는 순간 뇌는 한계를 설정하고 그만큼의 행동전략을 짜서 당신에게 알려줍니다.

나의 잠재력은 아직 세상에 나오지 않았기 때문에 누구도 알 수 없습니다. 심지어 나 자신조차도 모릅니다.

인생을 살면서 그 잠재력을 폭발시켜 진정한 모습과 만나는 사람이 있는가 하면, 죽을 때까지 자신의 능력을 알지 못하는 사람이 더 많습니다. 자신의 진정한 모습을 모르고 죽는다면 얼마나 안타까운 인생인가요.

간단한 실험을 해 볼까요. 당신이 직접 해보면 좋겠군요.

먼저 '나는 300미터를 달릴 수 있어'라고 3번 말하고 뛰어보세요. 다음으로, '나는 500미터를 달릴 수 있어'라고 3번 말하고 뛰어보세요.

300미터를 목표로 설정하고 달릴 때는 300미터가 가까워지면 숨이 가빠지고 더 이상 힘을 내기가 어려워집니다. 그러나 500미터를 목표로 달릴 때는 300미터까지는 쉽게 넘깁니다. 그러다 500미터가 다가오면 힘이 빠지죠.

뇌가 당신의 한계치를 기억하고 몸을 조정하는 것입니다.

코이 물고기를 아시나요? 코이 물고기를 작은 어항에 두면 5~8센티미터 크기밖에 자라지 않습니다. 하지만 조금 큰 수족관이나 작은 연못에서는 25센티미터 정도까지 자라납니다. 그런데 넓은 강에서는 무려 1미터까지 자란다고 해요.

혹시 자기 자신을 작은 어항에 가두고 있는 건 아닌가요?

자신을 작은 어항에 가두지 말고 넓은 바다로 헤엄쳐 나가세요. 넓은 바다에는 상어가 살아서 당신을 잡아먹으려고 할 겁니다. 그 순간 당신은 상어에게 잡아 먹히지 않기 위해 더 날렵해지고, 상어만큼 몸집을 키우게 됩니다.

어느새 당신은 넓은 바다를 즐기면서 평화롭게 헤엄치는 물고기가 될 겁니다.

꿈을 크게 가지세요. 꿈이 크면 큰 사람이 되고, 꿈이 작으면 작은 사람이 됩니다. 꿈의 크기만큼 성장한다는 걸 기억하세요.

06

논어 속으로
꿈은 어떻게 이뤄지는가

시련은 나를 성장시킨다

군자는 시련 속에 강해지고,
소인은 시련을 겪으면
포기한다.

군자고궁 소인궁 사람의
君子固窮 小人窮 斯濫矣

어느 날 진나라에 머물던 공자는 초나라 왕 '소공'의 초청을 받았습니다. 초나라로 가던 공자와 제자들을 진나라와 채나라 군인들이 막고 큰소리로 외쳤습니다.

"돌아가시오! 초나라 왕이 공자를 등용하면 우리 진나라와 채나라는 위험해집니다. 절대로 초나라로 갈 수 없으니 포기하시오!"

군자고궁

임금 군	아들 자	굳을 고	다할 궁
君	子	固	窮

'다할 궁'은 극에 달하는 것, 즉 시련을 뜻하고, '굳을 고'는 단단하다는 의미로 굳게 견딘다는 것입니다. 즉, '군자는 시련이 오면 포기하지 않고 견딘다'는 뜻의 사자성어입니다. 손흥민은 "삶이 네게 레몬을 준다면, 레모네이드로 만들어라"라고 말했습니다. '인생이 시큼한 레몬처럼 시련을 주면, 레몬을 달콤한 레모네이드로 만들라'는 서양 격언을 인용한 것이죠. 동양이나 서양이나 삶의 지혜는 똑같네요.

그렇게 서로 대치하다가 며칠이 지났어요. 공자와 제자들은 식량이 다 떨어져 극심한 배고픔에 시달렸습니다. 더 이상 배고픔을 참을 수 없었던 자로는 공자에게 항의합니다.

자로　군자(덕을 갖춘 사람)도 이런 고난을 피할 수 없는 겁니까? 배고파서 더 이상 못 견디겠습니다, 선생님. 굶어 죽게 생겼는데 군자가 무슨 소용입니까?

공자　자로야! 사람은 누구나 항상 고난을 겪는다. 진정한 군자는 그 고난을 극복해야만 한다. 소인(못난 사람)은 고난을 만나면 쉽게 포기하거나 도망간다. 너는 군자냐? 소인이냐?

여러분은 어떤 사람인가요?

군자인가요? 소인인가요?

미국에서 가장 존경받는 대통령 중의 한 명이 링컨입니다. 그는 실패의 대명사입니다. 대통령이 되기 전까지 숱한 실패와 좌절을 경험했거든요. 링컨을 연구하는 전문가들은 링컨이 공식적으로 27번의 실패를 경험했다고 해요. 그는 실패의 경험 덕분에 성공할 수 있었다고 말합니다.

9세	어머니 사망
10세	학교 중퇴(아버지가 학교에 보내지 않음)
10~21세	가족의 생계를 위해 농사일을 함
23세	사업 실패
24세	주 의회 선거에서 패배
25세	사업 파산해서 빚을 갚기 위해 17년간 고생함
26세	사랑하던 약혼자가 갑작스럽게 사망

28세	신경쇠약으로 정신병원에 6개월간 입원
30세	주 의회 의장 선거에서 패배
32세	선거위원 출마해 패배
35세	하원의원 선거 출마해 패배
36세	하원의원 공천 탈락
40세	하원의원 재선거 패배
47세	상원의원 선거 패배
48세	부통령 후보 지명전 100표차로 패배
50세	상원의원 출마해 패배

친구들은 링컨이 실패를 거듭하자 자살할까 봐 그의 주변에서 모든 칼을 치워버렸다고 해요.

당시 신문에서는 링컨을 두고 "정치인 중에 가장 불운한 사람. 어떤 것이든 실패할 운명을 가지고 있는 사람, 보통사람 같으면 완전히 헤어나지 못할 실패를 링컨은 밥 먹듯이 하고 있다"라고 썼습니다.

그러나 링컨은 "넘어진 것이 아니라 단지 미끄러졌을 뿐이야"라고 말하며 실패할 때마다 식당에 가서 밥을 든든하게 먹고,

미용실에 가서 멋지게 머리를 가다듬고 다시 도전을 시작했다고 합니다.

52세   미국 제16대 대통령 당선

마침내 그는 숱한 실패를 디딤돌 삼아서 자신의 꿈을 이뤘습니다. 실패하지 않고 성공한 사람은 거의 없습니다. 링컨의 사례를 보니 맹자의 말이 떠오르네요.

하늘이 장차 그 사람에게 큰 사명을 주고자 할 때는
반드시 먼저 그의 마음과 뜻을 흔들어 고통스럽게 하고
힘줄과 뼈를 지치게 한다.
그 육체를 굶주리고 궁핍하게 만들어
그가 하고자 하는 일을 흔들고 어지럽게 한다.
이는 그의 마음을 두들겨서 참을성을 길러주기 위함이며
지금까지 할 수 없었던 일을 할 수 있게 하기 위해서다.

인간은 나약합니다. 막상 시련과 고난에 빠지면 자신감이 떨어지고, 쉽게 포기하고 싶은 마음이 들어요. 그때 포기하면 자신의 능력을 키울 수 있는 기회를 스스로 막는 것입니다.

포기하고 싶은 한계에 도달하면, 비로소 나 자신을 성장시키는 시간이 온 것이라고 생각하세요. 고통스럽지만 그 순간을 넘기면 당신은 한 단계 더 성숙한 사람이 될 것입니다.

역경 속에서 나 자신을 믿고 포기하지만 않는다면, 반드시 또 다른 기회가 찾아옵니다.

가난은 사람을 성장시킨다

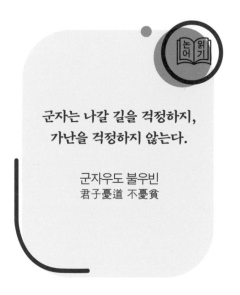

군자는 나갈 길을 걱정하지,
가난을 걱정하지 않는다.

군자우도 불우빈
君子憂道 不憂貧

어린 시절 가난을 직접 겪으면서 자란 저는 가난이 정말 싫었습니다. 가난 때문에 부끄러운 일을 많이 당했기 때문에 더 그랬던 것 같아요.

우리 가족은 제가 중학생 때까지 다섯 식구가 단칸방에 살았습니다. 방이 비좁아서 책상 같은 건 없었고, 밥상에 책을 올려놓고 공부했어요. 친구들이 우리 집에 놀러 가자고 하면 가슴이 두근두근했죠. 그래서 고등학생 때까지 친구를 집에 데려온 것

빈

'**빈**'은 물질적으로 가난하거나 부족함을 의미하는 글자예요. '빈곤층', '빈곤', '빈민' 등의 바로 그 글자죠. 이 글자는 나눌 분(分)과 조개 패 (貝) 자로 이뤄져 있어요. 고대에는 조개가 화폐 대신에 쓰였어요. 그래서 돈이나 재물을 가리킵니다. 즉, 나누어서 재산이나 자원이 부족한 상태를 표현한 것이라고 생각하면 외우기 쉽겠죠?

은 딱 한 번뿐이었습니다.

예전에는 학교에서 부모님의 직업을 공개적으로 조사했습니다. 저는 아버지 직업을 도저히 막노동꾼이라고 할 수 없어서 거짓말을 했던 적도 있어요. 중학교 1학년 때 어느 날, 담임선생님이 저를 불렀습니다.

"이번에 지역교회에서 성적이 우수한 아이에게 주는 장학금이 생겼다. 너희 집 형편이 어려우니까 너를 추천했어. 이번 주일요일에 교회에서 받아가면 된다."

선생님은 저를 배려해서 장학금을 추천해 주셨지만, '가난한 집안 형편'을 언급하시니까 '안 받겠다'고 말하고 싶었을 정도로 자존심 상하고 부끄러웠던 기억이 있습니다.

청소년 때는 저의 가난을 드러내지 못하고, 감추기에만 급급했어요. 지금은 중학교가 무상교육이지만, 제가 다닐 때는 '육성회비'라는 이름의 학비를 내야만 했습니다. 지금 생각해 보면 액수는 그리 크지 않았으나 우리 집안 형편에는 아주 큰돈이었습니다.

중학교 2학년 때 육성회비가 밀리고 밀려서 선생님에게 지적을 받았습니다. 어쩔 수 없이 엄마한테 이야기했죠. 엄마는 부끄러움이 많은 내성적이신 분이었는데, 그때마다 주인집 아주머니에게 사정을 말하고 돈을 빌렸지요. 지금 생각해 보면 엄마는 엄마라는 이유로 큰 용기를 내셨던 것 같아요.

가난 때문에 생기는 이런 사건들 때문에 가난을 정말 싫어했어요. 가난은 항상 저에게 열등감과 모멸감을 준다고 느꼈기 때문입니다.

나이를 먹으면서 많은 기억이 사라졌지만 가난에 대한 기억만큼은 여전히 아주 또렷하고 강렬합니다. 우리 가족이 단칸방에서 벗어난 것은 저소득층에게 우선권을 주는 임대주택에 당첨된 이후입니다.

그러나 가난은 저에게 여러 선물을 주기도 했는데, 가장 큰 선물은 자립심입니다. 초등학교 5학년 때였던 것 같아요. 방학이 끝나고 새 학기가 되었는데 공책을 살 돈이 없어서 '어떻게 할까?' 고민을 많이 했죠. 집안 사정을 아니까 차마 엄마한테 사달라고는 말을 못 했어요.

한참을 고민하다가 기가 막힌 아이디어를 떠올렸어요. 지난 학기에 이미 다 쓴 공책의 글자를 지우개로 박박 지워서 새 공책처럼 만들었거든요.

중학생 때는 비만 오면 친구들과 논에 가서 미꾸라지를 잡아다가 추어탕 식당에 팔아서 용돈을 썼어요. 그리고 중학교 2학년 때부터는 방학만 되면 공장 일을 했습니다. 아이스크림 공장, 전등 생산 공장, 섬유 공장 등 다양한 공장 일을 했죠. 방학이 끝나고 주말에는 '노가다'라고 하는 막노동을 자주 하면서 돈을 벌었어요.

돈 벌어서 뭐 했는지 궁금하시죠?

한창 멋 부릴 때라서 옷과 신발을 사고, 공부에 필요한 문제집과 독서실비를 냈습니다. 가끔씩 엄마와 동생들한테 용돈을 주기도 했어요.

그래요. 저는 가난 때문에 본능적으로 자립심을 길렀고, 공장일을 하면서 사회생활을 빨리 경험할 수 있었습니다. 고등학교를 졸업할 때쯤에는 이미 수많은 사회경험을 한 베테랑 청년이었죠.

저의 진로는 명확했습니다. 돈이 없으니까 대학 갈 생각은 접고, 바로 '직업군인이 되어서 병역과 직업을 동시에 해결하자'고 결심했습니다. 참고로 지금은 저소득층에게 대학교 학비를 지원하는 '국가장학금' 제도가 있어서 가난한 학생도 거의 무료로 대학을 다닐 수 있답니다.

그렇게 저는 2월에 고등학교를 졸업하고, 5월에 입대를 했습니다. 군대에 가서 월급도 허투루 쓰지 않았어요. 어린 시절부터 돈을 벌어봐서 저축의 중요성을 알고 있었거든요. 늘 내가 살아가야 할 길을 스스로 찾아야 했기 때문에 망설임 없이 진로를 바로 정할 수 있었습니다.

군대에 들어가서는 정말 좋았습니다. 훈련은 힘들었지만 밥도 공짜로 주고, 방도 공짜로 이용할 수 있고, 거기다 월급까지 줬으니까요. 처음으로 돈 걱정 없이 살아본 게 군대에서였습니다. 최전방의 열악한 환경이었지만, 어린 시절 더 어렵게 살았던 제게는 호텔 같은 곳이었죠.

친구들은 고등학교에서 대학입시를 위한 선행학습을 했지만, 저는 가난 때문에 삶에 대한 선행학습을 미리 했던 셈입니다. 저에게 주어진 조그만 것에도 감사한 마음을 갖고 살아가게 도와준 것은 '가난'이었습니다.

초년어릴 때의 성공이 가장 불행한 인생을 만든다는 말이 있습니다. 어려움 없이 빨리 성공한 사람은 타인에 대한 공감력이 떨어지고, 대부분 자만에 빠져 미움을 받습니다.

그러다 한 번 실패하면 더는 극복하기가 어려운 경우가 많아요. 한 번도 실패하지 않은 사람은 어떻게 극복할지 모르기 때문이죠. 자신이 실패했다는 사실 자체에 멘탈이 무너져 버리기도 합니다.

그래서일까요? 한국의 대표적인 명문가로 총리까지 지낸 신현확은 중학생이 된 아들에게 일부러 가난과 역경을 경험하게 했습니다.

그는 아들 철식이 중학교 1학년 여름방학이 되자 최소한의 돈을 주고 무전여행돈 없이 하는 여행을 시켰습니다. 처음에 철식이는 친척 집을 전전하다가 나중에는 눈치가 보여서 절에 가서 자고, 밥을 얻어먹었다고 합니다. 중학생 아이가 절에 오니 스님들이 잘 챙겨준 것이지요.

그렇게 철식이는 전국에 안 다닌 절이 없었다고 합니다. 그 무전여행은 방학 때마다 계속되었고, 대학입시를 앞둔 고등학교 3학년이 되어서야 중단되었습니다.

이후 철식은 서울대학교에 입학했고, 행정고시에 합격해서 차관급의 고위공무원까지 올랐습니다. 신현확 총리가 돌아가신 후, 아버지의 평전《신현확의 증언》신철식 지음, 메디치미디어(2021)을 쓴 철식은 학창 시절 동안 거의 무전여행에 가까운 여행을 통해 독립된 인격체로 성장했다고 회고했습니다.

신현확 총리가 금수저 아들을 일부러 흙수저 아들로 만든 이유가 뭘까요?

가난과 역경은 사람을 성장시키기 때문입니다. 어려움을 극복하는 과정에서 진정한 성장을 이룰 수 있습니다.

진정한 보물은 내 안에 있다

갈고닦아서
빛을 낸다.

절차탁마
切磋琢磨

'절차탁마'는 공자가 쓴《시경》에서 처음 나온 말입니다.

《논어》에는 공자의 제자 자공이 공자에게 《시경》에 나오는 절차탁마의 정확한 뜻을 말하자, 공자가 자공을 칭찬하는 장면이 나옵니다.

절차탁마는 아름다운 옥을 만드는 4단계 방법입니다. 옥의 원석을 자르고절, 썰고차, 다듬고탁, 가는마 과정을 통해 아름다운

절차탁마

끊을 절	갈 차	다듬을 탁	갈 마
切	磋	琢	磨

'**절**'은 자르다, 끊다라는 뜻이에요. '**차**'는 갈다, 연마하다는 뜻이고, '**탁**'은 돌을 깎다, 세공하다는 의미입니다. '**마**' 또한 갈다, 닦다라는 의미가 있어요. 글자 그대로 자르고, 닦고, 또 갈고 다듬는 과정을 나타냅니다. 학습과 성장을 옥을 가공하는 과정에 비유한 거예요. 이렇게 갈고닦으려면 꾸준한 노력과 인내는 필수겠죠?

옥이 완성되죠. 절차탁마를 거친 옥은 명품이 되고, 사람은 명장이 됩니다.

자기 분야에서 최고 기술을 가진 사람을 명장이라고 합니다. 한 명의 명장이 탄생하기 위해서는 절차탁마와 같은 힘겨운 성장의 시간이 필요해요. 장애의 아픔을 딛고 명장으로 탄생한 사람의 삶을 따라가 보겠습니다.

정한택은 군대에서 사고가 나서 장애인이 되었습니다.

"군대에서 위생병이었는데 알코올을 다루다가 갑자기 폭발했어요. 그리고는 정신을 잃었어요. 깨어 보니 온몸에 전신 화상을 입은 거예요. 그 고통을 생각하면 지금도 몸서리쳐집니다."

사람의 육체적 고통 중에 화상이 가장 심하다고 해요. 화상을 전문적으로 치료하는 '화상병원'에는 고통의 비명이 그치지를 않는다고 합니다.

화상을 입은 정한택은 더 이상 군인으로 임무수행이 불가능해 전역을 하게 됩니다. 온몸에 붕대를 감고 꼼짝없이 2년을 집에 누워 있었습니다. 살기 위한 몸부림으로 손가락과 발가락을 조금씩 움직이기 시작했죠. 그 고통은 말할 수 없이 컸지만 결국 이겨내고 걸어 다닐 정도가 되었습니다.

여전히 화상의 상처가 너무 커서 여름에도 붕대를 감고 다녔지만, 일이 너무나 하고 싶었던 그는 장애인 채용을 의무로 하는 대기업 공장에 사무직 직원으로 취업을 했습니다. 그런데 막상 출근하고 보니 사무직 직원이 아니라 경비원이었습니다. 속았다는 생각에 때려치우고 집에 가고 싶었죠.

하지만 첫 출근길에 웃으며 양복을 준비해 준 어머니가 계속 생각나서 버티기로 마음먹었습니다.

그는 경비원으로 실과 플라스틱을 생산하는 공장의 곳곳을 순찰하는 업무를 했습니다. 공장 내부를 돌아다니면서 본 공장 직원이 너무 부러웠죠. 그때부터 생산직 공장직원이 되는 꿈을 갖고 행동에 옮깁니다.

우선 공장을 자세히 관찰하고 문제점을 파악해 현장팀장에게 제안을 하기로 했습니다.

플라스틱을 만들기 위한 원재료는 100킬로그램 단위로 박스 포장되어 있었지만 현장에서 사용하는 단위는 10킬로그램이었어요. 직원들은 10킬로그램을 쓰기 위해 100킬로그램의 무거운 박스를 옮겨 사용하고 남은 것은 버리고 있었죠.

정한택은 반장에게 원료 납품회사에 10킬로그램 단위 포장으로 바꿔 달라고 하면 편하지 않겠느냐고 제안했어요. 반응은 싸늘했습니다.

"경비원 주제에 뭘 안다고 참견이야? 인마, 앞으로 공장에 들어오지 마."

며칠이 지나 공장에 갔더니 10킬로그램 박스로 바뀌어 있었어요. 현장반장이 정한택의 아이디어를 상부에 보고하고, 적용한 것이죠.

그 공장은 실을 생산하기도 했는데, 실을 감는 롤러 축이 자주 부러져서 골탕을 먹고 있었어요. 정한택은 깊은 생각 끝에 롤러의 축을 무거운 철에서 가벼운 스테인리스로 바꾸면 어떻겠냐고 제안했어요. 신기하게도 그 이후 축은 부러지지 않았습니다.

다음 날 그는 인사담당자로부터 "내일부터 경비초소 말고 공장으로 출근하세요"라는 말을 들었습니다. 경비원으로 입사한 지 2년 만에 일어난 일이었습니다.

이후 정한택은 자신의 업무는 기본이고, 다른 생산 파트의 문제를 해결하는 구원투수가 되었습니다. 날이 갈수록 기술과 문제를 해결하는 능력이 커졌습니다.

그의 비결은 딱 하나! 끊임없이 연구하고, 문제가 발생하면 해결할 때까지 물고 늘어졌습니다. 어떤 문제는 몇 달을 고민해도 도저히 해결이 안 되었는데, 어느 날 꿈에서 해결한 적도 있었죠.

저는 책을 쓰기 위해 여러 명장을 만나보았는데 꿈에서 기술적 문제를 해결했다는 분들이 가끔 있었습니다. 잠을 자면서도 무의식 중에 계속 그 문제를 생각했기 때문일 거예요.

정한택은 365일 중에 퇴근하는 날은 고작 100일이고, 공장에서 먹고 자는 생활을 했습니다. 결혼하고 나서는 일에 미쳐서 이혼 위기까지 갈 정도였습니다.

정한택은 공장 개선 활동을 하면서 관리직 사원들과 자주 다퉜어요. 제안은 기존의 불편한 관행을 새롭게 개선하는 거잖아요. 몸에 밴 낡은 습관을 버리고 때로는 회사 규정도 바꿔야 하죠. 이 모든 일은 관리직 사원의 협조 없이는 불가능했어요.

일부 관리직 사원은 생산직 사원을 얕보는 경향이 있어 더욱 힘들었다고 해요. 그리고 어느 순간부터는 자신의 기술적 제안이 중간 관리자들에게 계속 무시당하자 도저히 참을 수 없어 사장을 찾아가 사직서를 제출했습니다.

사장은 정한택의 능력을 무척 아끼던 분으로 "내가 대신 사과할게. 내 얼굴 봐서라도 사표는 집어넣게. 가장 중요한 제안 두 가지만 말해 봐. 당장 시행할 테니까"라고 말했습니다.

정한택은 말했습니다.

"지금 생산직 사원은 사원-조장-반장으로 직급이 3개뿐입니다. 그러다 보니 회사 생활을 열심히 하고 싶은 동기부여가 안 됩니다. 직급을 사원-조장-반장-계장-기장의 5개 직급으로 개선 해 주세요. 그리고 회사 안에 '품질경영대학'을 만들어 늘 기술을 연구하는 공장으로 만들어 주세요."

사장과의 담판으로 그의 제안은 즉각 시행되었습니다. 생산직 사원들은 모두 환호했고, 공장의 분위기는 활력이 넘쳤죠. 이후 정한택은 자신의 제안으로 만든 품질경영대학에서 동료들과 밤낮없이 기술을 연구했고, 수천 건의 기술 개선을 실천했어요. 한 건 한 건 혼신의 힘을 다해 연구했습니다.

덕분에 그는 24번이나 대통령 기술상을 받았고, 꿈에 그리던 '국가품질명장'이 되었어요.

그는 혼자만 잘 되지 않았습니다. 공장의 전체 직원 120명 중에 무려 80명 이상이 대통령상을 수상하는데 도움을 주었어요. 한화그룹은 그의 독보적인 기술력을 인정해 임원급이 주로 받던 '한화그룹 혁신상'을 생산직 사원 최초로 수여했습니다.

정한택을 보면 장석주 시인의 〈대추 한 알〉《애지시선 002 : 붉디붉은 호랑이》애지(2005)이라는 시가 생각납니다.

저게 저절로 붉어질 리는 없다.
저 안에 태풍 몇 개
저 안에 천둥 몇 개
저 안에 벼락 몇 개

온몸의 화상장애를 처절한 몸부림으로 극복하고, 끊임없는 기술 연구로 명장에 오른 정한택. 그는 절차탁마를 통해 사람이 꽃보다 아름다울 수 있음을 보여준 진정한 명장입니다.

꿈을 현실로 만드는 비결

하늘이 나에게 덕을 주셨다.

천생덕어여
天生德於予

사람은 저마다 이루고 싶은 꿈이 있습니다. 그러나 인생에서 그 꿈을 이루는 사람보다는 끝내 이루지 못하는 사람이 더 많습니다. 어떤 사람은 아예 꿈이 없다고도 말합니다. 현실에 체념하고 꿈꾸기를 포기하죠. 꿈을 현실로 만들기 어렵기 때문입니다.

꿈을 이룰 때 가장 먼저 할 일은 나의 꿈을 정확히 찾는 것입니다. 그다음은 꿈을 현실로 만드는 특별한 공식을 적용하면 됩니다. 바로 오프라 윈프리처럼요.

덕

덕 덕

德

'덕' 자를 한자 사전에서 찾으면 '은덕', '복', '은혜', '선행', '능력', '절조(절개와 지조)' 등의 다양한 뜻이 나옵니다. 모두 내면적인 가치, 품격, 인성과 도덕성과 관련 있는 의미들이죠. 공자는 덕을 군자의 핵심적인 특성으로 강조하는데요, 리더십을 가지고 사람들을 이끌기 위해서는 덕이 필수라는 것입니다.

오프라 윈프리의 어린 시절은 방임과 학대로 얼룩져 있었어요. 어머니는 오프라에게 무관심했고, 외가 친척들은 그녀를 폭행했습니다. 열네 살에 급기야 원치 않는 임신까지 하게 되자, 그녀는 다른 가정을 꾸리고 있던 아버지의 집으로 향했습니다.

예정일보다 일찍 태어난 아이는 불과 2주 만에 세상을 떠나고 말았어요. 절망 속에서 방황하던 오프라는 아버지의 지지와 격려에 힘입어 고등학교에 진학했습니다. 그리고 교내 말하기 대회에 출전하여 2등을 거머쥐고, 방송국 인턴 일도 하며 재능을 깨달았죠. 이를 계기로 남들에게 메시지를 전달하는 것에 큰 흥미를 느끼고, 방송인을 꿈꾸게 되었습니다.

1971년, 대학에 들어간 오프라는 지역 방송국 라디오 프로의 진행자로 발탁되었어요. 하지만 프로의 길은 쉽지 않았죠. 방송국 사람들에게 모욕을 당하기도 했고, 그래서 스트레스성 폭식으로 남들이 알아보지 못할 만큼 살이 쪘었다고 해요.

하지만 그런 와중에도 오프라는 의미 있는 이야기를 공유하고, 방송을 통해 사람들의 삶에 긍정적인 영향을 주는 자신의 모습을 계속해서 상상했습니다. 그리고 매일매일 그 꿈을 생생하게 그리며, 차근차근 경력을 쌓아 나갔어요.

1983년, 시카고로 이사한 오프라는 〈AM 시카고〉라는 시청률 낮은 아침 토크쇼의 진행자가 되었습니다. 주목받지 못하는 프로였지만 오프라는 꿈을 실현할 기회로 생각했어요.

진정성 있는 오프라의 모습은 시청자들의 공감을 불러일으켰어요. 불과 한 달 후 〈AM 시카고〉의 시청률은 크게 치솟았고 프로그램은 이름을 바꾸었습니다. 27년간 방송되며 미국 토크쇼의 전설이 된 〈오프라 윈프리 쇼〉는 이렇게 시작되었습니다.

세계적인 베스트셀러 《시크릿》론다 번 지음, 김우열 옮김, 살림Biz(2007)

은 끌어당김의 법칙이 '우주에서 가장 강력한 법칙'이라고 말합니다. 삶에서 일어나는 모든 일은 자기 스스로 끌어당긴 것이며, 현재 우리의 삶은 우리가 해왔던 생각의 결과라는 것입니다.

도널드 트럼프는 인터뷰에서 "우리는 어떤 생각이든 하게 되니, 이왕 생각하는 김에 원대하고 좋은 생각만 하는 것이 좋다"라고 말했습니다. 그가 미국 대통령이 된 건 우연일까요?

할리우드 배우 짐 캐리는 1990년대 초까지만 해도 성공과는 거리가 멀어 보이는 무명배우였습니다. 그러나 그는 시각화와 긍정적 사고의 힘을 항상 굳게 믿었죠.

1990년의 어느 선선한 저녁, 할리우드 언덕 위에서 해가 지는 풍경을 바라보던 짐 캐리는 심호흡을 하며 주머니에서 수표책을 꺼냈습니다. 그리고 백지 수표에 이렇게 썼어요. "짐 캐리에게 연기의 대가로 천만 달러를 지불할 것." 아래쪽엔 5년 후 추수감사절 날짜를 적었죠.

짐 캐리는 그 수표를 지갑에 넣고, 매일 그 수표를 보며 자신의 목표와 꿈을 끊임없이 되새겼어요. 자신이 맡을 역할, 영화

세트장의 모습, 감독의 칭찬 등을 생생하게 상상했습니다.

1994년, 그가 찍은 영화 3편이 연달아 개봉했습니다. <에이스 벤추라>, <덤 앤 더머> 그리고 <마스크>였죠. 3편이 모두 세계적으로 흥행에 크게 성공하며 그는 일약 스타로 발돋움했습니다.

그리고 그 해 말, 짐 캐리가 새 영화 <배트맨 포에버>의 출연료로 받은 금액은 얼마였을까요? 정확히 천만 달러였습니다.

《꿈꾸는 다락방》의 저자 이지성 작가는 꿈을 현실로 만드는 특별한 공식을 만들었습니다.

"생생하게vivid 꿈꾸면dream 이루어진다realization"

R=VD

글을 쓰고 있는 지금, 저는 이 책이 교보문고 전체 1위가 되는 모습을 매일 생생하게 그리고 있습니다. 그리고 이 책을 읽은 모든 사람은 자신의 꿈을 이루고 행복한 인생을 살 겁니다.

생각이 인생을 만든다

화가 피카소와 반 고흐는 둘 다 무명 시절을 겪었습니다. 하지만 두 사람의 생애 마지막은 무척 달랐어요. 이지성 작가는 '운명을 가른 단 하나의 차이'가 무엇이었는지 이야기합니다.

피카소는 10년 동안 자신이 세계적인 화가가 되어 부와 명성을 얻는 모습을 상상했어요. 그리고 결국 성공해서 그림을 팔아 억만장자가 되었고, 큰 명예를 누리며 생을 마감했죠. 반면, 반 고흐는 평생 가난하게 살며 아무도 자신을 알아주지 않을 거라고 생각했고, 절망 속에서 스스로 비극적인 생을 마쳤습니다.

'운명을 가른 단 하나의 차이'는 바로 생각의 차이였던 것입니다.

마지막으로 고대로부터 내려온 비밀을, 부처님의 말씀으로 대신 전합니다.

"현재의 나는 내 생각의 결과이다. 생각하는 대로 이루어질 것이다."

삶을 즐기는 사람이 진정한 고수 : 1만 시간의 법칙

아는 것은 좋아하는 것만 못하고,
좋아하는 것은 즐기는 것만 못하다.

지지자 불여호지자 호지자 불여락지자
知之者 不如好之者 好之者 不如樂之者

공자는 최고의 고수는 가장 많이 아는 사람이 아니라, 가장
즐기는 사람이라고 말합니다.

우리나라는 세계에서 가장 불행지수가 높은 나라인데요, 그
럼에도 저는 '삶이 행복하다'라고 말하는 신기한 사람들을 만난
적이 있습니다. 사람들은 그들을 '덕후'라고 부르더군요. 그들의
비결이 궁금해서 전국을 다니며 성공한 덕후들을 만났습니다.

덕후들은 인생을 정말 즐기면서 살고 있었어요. 이후 저는

지, 호, 락

알 지	좋을 호	즐길 락
知	好	樂

지, 호, 락은 하나의 단어는 아닙니다. 하지만 이 구절에서 핵심이 되는 개념이죠. '지'는 '알다', '이해하다'라는 뜻입니다. '호'는 좋아한다는 뜻이고, '락'은 '즐긴다'는 의미죠. 공자는 이 세 단계를 통해 단순한 지식 습득을 넘어서서, 공부를 좋아하고 즐기는 경지에 이르러야 한다고 강조합니다. 이를 통해 배움을 깊이 내면화하고, 그것이 자연스럽게 삶의 일부가 되길 바란 것입니다.

그들을 인터뷰하고 《덕후의 탄생》덴스토리(2019)이라는 책을 펴냈습니다. 이 글들은 저의 책을 참고해 썼음을 밝힙니다.

저는 인터뷰에서 그들에게 물었습니다.

"인생이 왜 즐겁나요?"

"하고 싶은 일을 직업으로 삼아서 돈을 벌고 있기 때문입니다. 즐기면서 일을 하는데 돈까지 버니까 행복하죠."

모두가 꿈꾸는 인생입니다. 제가 책을 쓴 이유는 '인 서울'을 위해 무작정 남들이 가는 길을 똑같이 걷고 있는 우리 아이들에게 덕후들의 신나는 이야기를 들려주고 싶어서였습니다. 그리고 자신만의 새로운 길을 가라고 말해주고 싶었습니다.

또한, 성적에 맞춰 대학과 전공을 선택했지만 적성에 맞지 않아 고민하고 방황하는 이 땅의 청춘들에게 덕후의 삶을 알려 신나는 꿈을 꾸게 하고 싶었습니다.

내가 좋아하는 것을 하며 행복하게만 살아도 찰나와 같이 지나가는 게 인생입니다.

우리가 불행한 이유는 무엇일까요? 재미없는 공부를 하고 하기 싫은 일을 하며 꾸역꾸역 살아가기 때문입니다.

덕후들은 달랐습니다. 자기에게 재미를 주는 공부를 하고, 스스로 행복한 일을 하며 살고 있었어요. 덕후들은 삶의 원리를 깨달은 진정한 고수들이었습니다.

제가 만난 맥주덕후 박상재는 저에게 많은 영감을 주었습니다. 그는 어릴 때부터 손으로 무언가를 만드는 걸 좋아했던 사람입니다. 어느 날 그의 레이더에 우연히 수제맥주가 포착되었고,

바로 인터넷 쇼핑몰에서 맥주 만들기 세트를 구매했죠. 생각보다 맛이 괜찮고 재미있어서 맥주 만들기에 푹 빠져들었습니다.

그는 하루 10시간 이상씩 3년 동안 미친 듯이 몰입했습니다. 그리고 유럽인들의 잔치였던 세계 맥주 만들기 대회에서 아시아인 최초로 우승을 했습니다. 세계 김치 만들기 대회에서 한국인을 제치고 아프리카인이 우승한 격이라고 할까요.

이후 그는 수제맥주 회사를 창업하고 자신의 삶을 즐기고 있습니다. 한때 완판되기도 했던 맥주 중 그의 손에서 탄생한 것도 있답니다. 그의 비결은 1만 시간의 법칙과 연결됩니다.

1만 시간의 법칙은 어떤 분야의 전문가가 되기 위해서 최소한 1만 시간 정도의 몰입이 필요한 것을 말합니다.

1933년 미국 콜로라도 대학교의 앤더스 에릭슨은 실험결과를 통해 1만 시간의 법칙을 처음으로 논문에 발표했습니다. 그는 세계적인 바이올린 연주자와 아마추어 연주자와의 실력 차이는 연주 시간에서 비롯되었으며, 우수한 연주자들은 공통적으로 1만 시간 이상의 연습을 했다고 밝혔어요.

1만 시간을 채우려면 하루 10시간씩 몰입할 경우 3년, 매일

3시간씩 몰입할 경우 10년이 걸립니다.

박상재는 1만 시간의 중요성과 덕후의 성공 비결을 이렇게 말합니다.

1만 시간의 법칙이 있잖아요. 잠자는 시간만 빼고 몰입하면 500일 안에도 1만 시간을 만들 수 있다고 생각해요. 저는 2014년 1월 맥주에 입문해서 세계대회에서 우승한 2017년까지 2만 시간은 썼어요. 맥주에 몰입하면서 기하급수적 성장Exponential growth를 경험하기 시작했어요.

시간이 지나면서 지식이 계속 축적되니까 어느 순간부터는 완성이 되는 느낌을 받았어요. 맥주 발효기저를 계산하는 공식이 있어요. 저는 그런 공식으로 발효시키는 게 아니라 수많은 시도를 하면서 '요거 요거랑 반응하고, 요거 요거랑 반응하면 맛있어.' 이걸 경험으로 체득을 하게 됐어요.

그 수준까지 가기 위해서 절대적인 시간과 돈을 무진장 많이 들였죠. 저를 믿어주고 지지해 주는 부모님이 계셨기 때문에 가능한 일이었죠.

보통은 대학에서 4년 동안 공부하면 '그 분야는 내가 좀 안다'라고 생각을 하잖아요. 그런데, 대학원에서 석사를 하면 '내가 모르는 게 이렇게 많구나'라는 걸 알게 되죠. 더 나아가 박사를 하게 되면 '내가 뭘 모르는지는 이제 안다'라고 하더라고요.

덕후도 한 분야를 계속 파다 보면 자신이 뭘 모르는지, 뭘 더 배워야 할지 알게 돼요. 그 다음에 특정 분야를 집중적으로 파서 극대화시키면 끝판왕이 되는 거죠.

덕후를 만나고, 인터뷰하고, 글을 쓰면서 덕후의 탄생과 성장 과정은 모두 비슷하다는 것을 깨달았습니다. 삶을 즐기는 그들만의 비결 10가지, '덕후 십계명'를 당신에게 공유합니다.

덕후 십계명

좋아하는 취미를 덕질로 삼아라

좋아하는 것을 파고, 또 파서 끝장을 보라

그 분야의 덕후를 찾아서 벤치마킹하라

자기 확신과 고집을 가져라

우연을 덕질의 기회로 만들어라

최초, 최고, 최다로 브랜딩하라

1만 시간을 몰입하라

SNS로 덕력을 축적하라

취미를 직업으로 연결하라

1인 연구소를 만들어라

김구 선생님은 "돈에 맞춰 일하면 직업이고, 돈을 넘어 일하면 소명이다. 직업으로 일하면 월급을 받고 소명으로 일하면 선물을 받는다"라고 했습니다. 자기만의 소명을 찾아서, 직업으로 삼으면 선물 같은 삶을 살 수 있습니다.

행동하고 실천하는 순간, 성공이 시작된다

> 자공이 물었다.
> "어떻게 해야 군자가 될 수 있습니까?"
> 공자가 말했다.
> "행동을 먼저 하고, 말은 나중에 하면 된다."
>
> 자공문 군자 자왈 선행기언 이후종지
> 子貢問 君子 子曰 先行其言 而後從之

행동하는 1퍼센트가 99퍼센트를 지배한다는 말이 있습니다. 세상을 바꾼 사람들은 꿈만 꾸는 몽상가가 아니라 실천가입니다. 아무리 좋은 생각도 실천에 옮기지 않으면 소용이 없죠.

공자는 그 사람이 어떤 사람인지 알려면 "그의 말이 아니라 행동을 보라"고 말합니다. 행동보다 말이 앞서는 사람들이 있습니다. 그럴듯한 말로 그 상황을 벗어나려 하고, 사람들을 속이죠. 그러나 시간이 지나면 행동은 증거를 남겨서 진실이 드러납니다.

선행기언

먼저 선	다닐 행	그 기	말씀 언
先	行	其	言

'**선행기언**'은 '말을 하기에 앞서 먼저 행동한다'는 뜻의 사자성어입니다. 결심으로만 끝내지 않고 실제 행동으로 보여야 신뢰와 존경을 얻을 수 있습니다. 말로 설득하는 것보다 행동으로 직접 보여주는 것이 더 강력한 법입니다. 말보다 행동이 중요하다는 사실을 잊지 마세요!

말은 그럴싸하지만, 행동을 하지 않는 사람이 있습니다. 그런 사람은 신뢰를 잃습니다. 어느 날 공자의 제자 자공이 공자에게 물었습니다.

자공   스승님. 정치란 무엇입니까?

공자   정치는 백성들이 믿어주지 않으면 존재하지 못한다.
무신불립(無信不立)

한국에서 가장 신뢰도가 낮은 집단이 정치인입니다. 선거 때는 지키지도 못할 약속을 남발하고, 당선된 이후에는 언제 그랬

냐는 듯이 약속을 어깁니다. 위대한 업적을 이룬 정치인들은 조금의 가능성이라도 있다면 불굴의 의지로 행동에 옮긴 사람들입니다.

꿈을 현실로 만드는 가장 좋은 방법은 꿈을 생생하게 그려보는 겁니다. 그런데 꿈을 생생하게 그려만 보고, 행동으로 실천하지 않는다면 꿈에서 끝나버립니다.

공부도 그렇습니다. 계획만 세우다가 끝나는 사람, 책상에 앉아 책 펴놓고 스마트폰 하는 사람은 성적이 나오지 않습니다. 공부는 가장 정직합니다. 책상에 앉아서 몰입해서 공부를 해야 성적이 나옵니다.

제가 중학교 때 반에서 공부를 잘하는 친구의 공부법이 궁금해서 물어보았습니다. 그 친구는 "나는 집에서 공부를 거의 안하는데, 성적은 좋게 나와"라고 하더군요.

나중에 우연히 그 친구의 노트를 본 적이 있었는데 과목마다 핵심내용을 정리해서, 교과서보다 더 나아 보였습니다. 그 노트를 보니 탐이 나더군요. 그리고 이런 생각이 들었습니다. '저런 노트를 만들기 위해 얼마나 공부를 했을까?' 하고 말이죠.

공부를 안 하는데 성적이 좋다는 말은 다 거짓말입니다.

행동을 두려워하는 사람이 많습니다. 어떤 일을 해보지도 않고, 여러 핑계를 대면서 안 되는 이유를 계속 만드는 부정적인 사람들이죠. 그런 사람의 삶은 도전이 없기 때문에, 발전도 없습니다. 그런 사람은 되는 일도 안 되도록 만드는 재능을 가지고 있어요.

만약 주변에 그런 친구가 있다면 멀리하세요. 당신의 인생에도 부정적인 영향을 미칠 테니까요.

똑같은 상황에서 어떤 사람은 불가능한 이유를 찾고, 어떤 사람은 가능한 방법을 찾습니다. 불가능과 가능은 아주 작은 생각의 차이입니다. 임파서블Impossible, 불가능을 I'm possible로 만든 사람의 이야기를 들어볼까요?

1970년에 정주영은 배를 만드는 조선업에 도전하기로 결심합니다. 조선업을 하려면 큰돈이 필요한데, 당시 한국에는 그런 큰돈을 빌려줄 은행이 없었어요. 그래서 그는 미국과 일본을 찾아갔습니다.

반응은 냉정했습니다.

"한국 같은 후진국에서 무슨 방법으로 몇십만 톤의 배를 만들고 조선소를 지을 수 있습니까?"

정주영은 가는 곳마다 거절을 당했어요. 후진국의 서러움을 톡톡히 경험한 것이죠. 그러나 그는 포기하지 않고 영국행 비행기에 몸을 실었습니다.

수소문 끝에 그는 영국의 유명한 조선회사 A&P 애플도어의 찰스 롱바톰 회장을 어렵게 만났습니다. 그러나 롱바톰 회장 역시 비관적으로 말했습니다.

"아직 배를 한 척도 만들어본 적도 없고, 당신에게 배를 사려는 사람도 없고, 돈을 갚을 능력도 없는데 뭘 믿고 내가 돈을 빌려줍니까?"

정주영이 말했습니다.

"그럼 한국 정부가 대출보증을 서면 되겠습니까?"

롱바톰 회장은 고개를 저었습니다.

"한국 정부도 그만한 돈을 갚을 능력이 없잖아요."

1970년대에 사용되었던 500원권 지폐

　정주영은 '이대로 모든 게 끝나는 걸까? 정말 이 사람을 설득할 방법이 없을까?' 속으로 생각했죠. 그 순간 자기의 바지 주머니에 들어있던 500원짜리 지폐가 생각났어요(당시에는 500원이 지폐였답니다). 지폐에는 거북선이 그려져 있었죠. 정주영은 거북선 그림의 지폐를 꺼내 테이블 위에 올려놓았습니다.

　"이걸 잘 보세요. 회장님. 이건 한국 지폐입니다. 여기 보면 거북선이라는 철로 만든 배가 있지요. 영국의 조선 역사는 1800년대부터이지만, 한국은 영국보다 300년이나 앞선 1500년대에 이 거북선을 만들어냈습니다. 한국은 이 거북선으로 일본과의 전쟁에서 승리했습니다. 거북선을 보면 한국의 잠재력을 알 수 있지 않겠습니까?"

"정말 1500년대에 한국인들이 이 배를 만들어 전쟁에서 사용했다는 말입니까?"

"네. 맞습니다. 이순신 장군이 만든 배입니다. 한국이 지금은 후진국이지만, 오랜 역사와 문화, 두뇌를 가진 나라입니다. 자금만 확보된다면 훌륭한 조선소와 최고의 배를 만들 수 있습니다."

롬바톰 회장은 눈을 감고 한참을 고민한 뒤에 정주영에게 손을 내밀었습니다.

"정말 훌륭한 조상을 두었군요. 거북선도 대단하지만, 당신도 정말 대단한 사람이오. 바클레이즈 은행에 대출 추천서를 써주겠소."

롬바톰 회장의 추천서 덕분에 바클레이즈 은행에서 대출 결정을 해주었습니다. 그러나 그게 끝이 아니었어요. 가장 어렵고 힘든 관문이 남아 있었죠.

영국은행이 외국에 돈을 빌려주려면 영국 수출신용보증국의 허락을 받아야 했습니다. 그런데 수출신용보증국 총재는 배를 살 사람의 계약서를 가지고 와야 승인해 줄 수 있다고 했습니다.

"만약 내가 배를 산다고 가정해 봅시다. 4~5천만 달러짜리 배를 세계 최고의 조선소들이 아닌 당신 회사에서 사겠소? 현재 조선소도 없고, 배 한 척 만든 적도 없잖아요. 돈을 빌려주면 배를 팔아서 갚아야 하는데, 뭘 믿고 빌려주겠소? 당신이 만든 배를 산다는 계약서를 가져오면 대출을 허락하겠소."

총재의 말은 틀린 게 하나도 없었어요. 정주영은 조선소를 건설할 예정인 울산 미포만의 바닷가의 사진을 꺼내놓고 깊은 고민에 빠졌습니다.

만약 정주영이 당신에게 모래밖에 없는 울산 바닷가 사진을 보여주며 '당신이 내 배를 사주겠다고 계약만 해주면, 내가 영국에서 돈을 빌려서 여기 바닷가에서 배를 만들어 주겠소'라고 한다면 어땠을까요? 정신 나간 사람 취급을 하지 않았을까요?

그러나 정주영은 오래 고민하지 않고 일단 행동으로 옮겼습니다. 물론, 지난번처럼 만날 때마다 거절을 당했어요. 그러던 어느 날 정주영은 정신 나간 사람을 만났습니다. 그리스의 선박왕 애리스토틀 오나시스의 처남이었던 리바노스였지요.

리바노스는 정주영의 인간 됨됨이와 자신감을 믿고 울산의 바닷가 백사장 사진만 보고 계약을 했어요. 불가능Impossible을 가능 I'm possible으로 바꾼 것이었습니다.

이후 정주영은 울산시 미포만에 현대 조선소를 짓고, 리바노스에게 약속한 기한에 맞춰서 배를 납품했습니다.

그로부터 50년이 흐른 지금 한국은 세계 조선업 1위 국가가 되었습니다. 세계 10위에 드는 조선소를 5개현대중공업, 삼성중공업, 대우조선해양, 현대삼호중공업, 현대미포조선나 보유하고 있죠. 모두 현대그룹 정주영 회장이 발로 뛰면서 씨앗을 뿌린 기업들이에요.

정주영은 여기에 그치지 않고, 국산 자동차를 생산하겠다는 불굴의 의지로 한국 최초의 국산 자동차 '포니' 생산에 성공합니다. 지금 현대자동차는 세계 5위의 글로벌 자동차 회사가 되었습니다.

모두가 불가능을 외칠 때 그는 1퍼센트의 가능성을 믿고 끊임없이 도전하고 행동했습니다. 정주영이 안 된다고 하는 사람들에게 자주 했던 말이 생각납니다.

"해보기나 했어?"

평범한 일을 매일 하면 위대한 사람이 된다

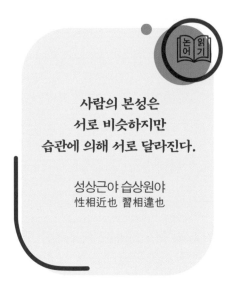

사람의 본성은
서로 비슷하지만
습관에 의해 서로 달라진다.

성상근야 습상원야
性相近也 習相遠也

성공한 사람들은 하나같이 자기만의 루틴을 가지고 있습니다. 루틴이란 매일 똑같은 행동을 하면서, 삶에 대한 의지를 되새기는 명상과 같은 의식입니다. 일종의 습관으로, 그 사람의 정체성을 나타내죠.

철의 여인으로 불렸던 영국의 수상 마가릿 대처는 어릴 때 아버지로부터 다음과 같은 말을 들었다고 해요.

습성

익힐 습	성품 성
習	性

이 구절에서 '**성**'은 선천적으로 타고난 사람의 성질을 의미하고, '**습 (習)**'은 후천적으로 만들어진 습관을 의미합니다. 이처럼 사람에게는 두 가지 성질이 있는데요, 본래 타고나는 성질인 '본성' 그리고 살면서 익히게 된 '습성'이 그것입니다. 본성은 바꾸기 힘들지만, 습성은 개인의 선택에 의해 얼마든지 변화할 수 있어요.

공자는 각자 자신의 습성을 선하게 변화시켜 군자가 되기 위해 노력해야 한다고 했어요. 그렇기에 교육이 중요하다는 것이죠!

생각을 조심해라, 그것은 곧 너의 말이 된다.

말을 조심해라, 그것은 곧 너의 행동이 된다.

행동을 조심해라, 그것은 곧 너의 습관이 된다.

습관을 조심해라, 그것은 곧 너의 인격이 된다.

인격을 조심해라, 그것은 곧 너의 운명이 된다.

대처는 이 말을 늘 마음속에 새기고 자신만의 루틴을 만들어 실천을 했습니다. 그 결과 영국 최초의 여성 총리가 되어, 쇠퇴해

가던 영국을 다시 일으켰습니다.

제게도 루틴이 있습니다. 저의 루틴은 하루를 여는 아침에 시작됩니다. 일어나서 물을 한 잔 마시고, 스트레칭을 합니다. 그리고 한 번에 팔굽혀펴기 250개를 합니다. 팔굽혀펴기 루틴을 만들기까지 거의 일 년이 걸렸습니다. 처음에는 40개로 시작해 하루에 하나씩 늘려나갔죠.

힘들지 않냐고요? 네, 할 때마다 힘듭니다. 이 루틴을 실천한 지 10년이 넘었는데도 말이죠.

그런데 힘든 건 잠깐입니다. 하고 나면 머릿속이 맑아지고 가슴과 팔에 근육이 느껴져요. 저의 가슴근육을 못 보여드리는 게 아쉽군요. 제 아들 녀석이 저의 가슴근육을 보고 자극을 받았는지 요즘 턱걸이와 팔굽혀펴기를 매일 조금씩 하고 있습니다.

저는 아들이 부럽습니다. 저는 30대가 되어서 루틴을 만들었는데, 10대에 시작하는 루틴이라니요. 그러나 아들은 아직 성실성에서 저를 따라오지 못합니다. 했다, 안 했다, 들쭉날쭉하죠. 그래도 어깨가 조금씩은 넓어지고 있답니다.

팔굽혀펴기를 한 다음에는 배달된 신문을 가져와 읽으며 아침을 먹는 것으로 루틴을 마무리합니다. 제가 아침루틴을 하는 데 걸리는 시간은 대략 20분입니다. 그 20분으로 하루를 살아가는 슈퍼 에너지를 얻습니다.

미국 메이저리그에서 10년 연속 올스타로 뽑히고, 미·일 통산 4,367안타를 기록한 스즈키 이치로의 루틴은 유명합니다. 그는 초등학교 3학년부터 6학년까지 1년 중 5일을 빼고 매일 강도 높은 훈련루틴을 지켰습니다.

그의 루틴은 '계약금 1억 엔 이상, 주니치 드래곤즈 입단'이라는 목표에서 시작되었다고 해요. 그는 메이저리그에 진출해서 처음 7년 동안은 아침에 카레만 먹는 루틴을 지켰습니다. 이것저것 먹다가 혹시라도 탈이 나면 그날 경기를 망칠 수도 있다는 생각에 그랬다고 합니다.

이치로는 이렇게 말했습니다.

"나는 매일을 똑같이 살아가면서 연습처럼 경기하고 연습처럼 경기를 끝낸다. 노력하지 않고 무언가를 잘 해낼 수 있는 사람이 천재라고 한다면, 나는 절대 천재가 아니다. 하지만 피나는 노력 끝에 뭔가를 이루는 사람이 천재라고 한다면, 나는 천재가 맞다."

사람들은 축구선수 이동국을 월드클래스 박지성이나 차범근과 비교하지는 않습니다. 그러나 다른 측면에서 그는 진정한 월드클래스입니다.

이동국은 23년 간 선수 생활을 하고, 41세로 은퇴하는 날까지 최고의 전성기를 유지하였습니다. 축구 역사상 월드클래스로 평가받은 선수들이 많이 있었지만 이동국 선수처럼 마흔이 넘어서까지 최고의 기량을 유지한 선수는 손에 꼽을 정도입니다. 그가 은퇴하기 직전까지 K리그에서 넣은 228골은 통산 득점 1위로 아직도 깨지지 않고 있습니다.

그는 23년의 선수 생활 내내 아침 8시에 일어나 밤 10시에 잠들 때까지 일정을 분 단위로 계산하면서 훈련, 식사, 수면, 사우나 시간까지 매일 똑같이 유지했다고 합니다.

중앙대 김종환 교수가 1983~2010년까지 K리그에서 뛴 내국인 선수 1,765명을 분석한 결과 선수 수명은 평균 4년으로, 은퇴

나이는 27~28세였습니다. 이동국은 만 41세에 은퇴하였으니, 평균보다 19년 더 선수 생활을 한 것입니다.

더욱 대단한 것은 은퇴할 때까지 최고의 전성기를 유지했다는 사실입니다. 보통 선수들은 나이가 들어 실력이 떨어지면 은퇴하지만, 그는 최고의 실력을 유지하면서 스스로 은퇴를 선택했습니다.

이동국은 저의 친구이기도 한데, 제게 직접 들려준 성공비결은 '한결같은 루틴 지키기'였답니다.

오타니 쇼헤이는 야구 역사상 가장 위대한 선수 중 한 명입니다. 메이저리그에서 투수와 타자를 겸업하면서 놀라운 활약을 보여주고 있죠.

그런데 그가 무려 64개의 루틴을 가지고 있다는 사실을 아시나요? 오타니는 고등학교 때 체육선생님에게 만다라트 기법^{목적을 달성하기 위한 일종의 계획표}을 배우고, 64개의 실천 과제를 적어서 매일 실천했다고 합니다.

고교 시절 오타니는 '8개 구단 드래프트 1순위'를 핵심 목표로 적었습니다. 목표를 달성하기 위한 여덟 가지 세부 목표로 '몸만들기, 제구, 구위, 멘털, 구속 160㎞/h, 변화구, 운運, 인간성'을 정했습니다. 이어 각 세부 목표를 달성하기 위한 실천 과제들로 표를 채웠죠. 예를 들어 '운'을 높이려는 방법으로 '인사하기, 쓰레기 줍기, 방 청소, 물건을 소중히 쓰자, 심판을 대하는 태도, 긍정적 사고, 응원받는 사람이 되자, 책 읽기' 등 여덟 가지를 적고 실천을 했습니다.

만다라트 기법을 개발하고 전파해 온 마츠무라 야스오와 하라다 다카시는 "만다라트 기법은 목표와 달성 방법을 체계화하고 시각화하는 데 장점이 있으며, 인생의 여러 분야에 응용할 수 있다"라고 말합니다.

방법은 간단합니다. 9칸짜리 표를 만들고, 가장 중앙에 핵심 목표를 적어요. 그리고 나머지 칸에 핵심 목표를 달성하기 위한 세부 목표를 적습니다. 다시 9칸짜리 표를 또 만들어서 각각의 세부 목표를 이루기 위한 실천 과제들을 적는 거예요.

몸 관리	영양제 먹기	FSQ 90kg	인스텝 개선	몸통강화	축 흔들리지 않기	각도 만들기	공을 위에서 던지기	손목강화
유연성	몸 만들기	RSQ 130kg	릴리즈 포인트 완성	제구	불안정함 없애기	힘 모으기	구위	하반신 주도
스태미나	약 먹기	식사 저녁7그릇 아침3그릇	하체강화	몸을 열지 않기	멘탈 컨트롤	볼을 앞에서 릴리즈	회전수 증가	가동력
뚜렷한 목표	일희일비 않기	머리는 차갑게 심장은 뜨겁게	몸 만들기	제구	구위	축을 돌리기	하체강화	체중증가
핀치에 강하게	멘탈	분위기에 휩쓸리지 않기	멘탈	B구단 드래프트 1순위	스피드 160km/h	몸통강화	스피드 160km/h	어깨주변 강화
마음의 파도 안만들기	승리에 대한 집념	동료를 배려하는 마음	인간성	운	변화구	가동력	라이너 캐치볼	피칭 늘리기
감성	사랑받는 사람	계획성	인사하기	쓰레기 줍기	부실 청소	카운트볼 늘리기	포크볼 완성	슬라이더 구위
배려	인간성	감사	물건을 소중히 쓰기	운	심판을 대하는 태도	늦게 낙차가 있는 커브볼	변화구	좌타자 결정구
예의	신뢰받는 사람	지속력	긍정적 사고	응원받는 사람	책 읽기	직구와 같은 자세로 던지기	스트라이크에서 볼을 던지는 제구	거리를 상상하기

오타니의 64가지 루틴을 적은 만다라트

가령 '다이어트로 10kg 감량하기'를 핵심 목표로 정했다면, 이 목표를 달성하기 위해 필요한 여덟 가지 세부 목표로 '식사 관리, 체중관리, 운동습관, 기초대사, 체지방 감소, 생활습관 개선, 멘탈 관리, 기타 실천법'을 정할 수 있습니다.

이어 각 세부 목표 달성을 위해 필요한 실천 과제들을 채워 넣습니다.

예를 들어 '식사관리'를 위한 실천 과제로 '목표 칼로리 정하기, 칼로리 기록하기, 물 2L 마시기, 규칙적인 식사, 야식 안 먹기, 야채 500그램 먹기, 당분 줄이기, 지방 섭취 줄이기'를 적는 식이죠. 표를 완성한 후에는 64개 과제를 실행하며 실천 여부를 스스로 점검하면 됩니다. '오타니를 만든 64개의 실천과제… '만다라트 기법' 아시나요' 〈조선경제〉(2023.02.24)

당신은 자신만의 성공루틴이 있습니까? 만약 없다면 오타니처럼 만다라트 기법으로 나만의 루틴을 만들어보면 어떨까요?

기억하세요. 우리가 이름을 기억하는 위대한 사람들의 공통적인 비결은 '평범한 일을 매일 실천한 것'이었습니다.

07

논어 속으로

사람을 어떻게 대할 것인가

당신을 가장 사랑하는 사람은 부모님입니다

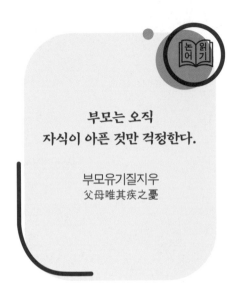

부모는 오직
자식이 아픈 것만 걱정한다.

부모유기질지우
父母唯其疾之憂

《논어》에 담긴 이 글을 보고 슬며시 웃음이 났습니다. 2,500년 전이나 지금이나 부모 마음은 한결같다는 생각이 들었거든요.

저는 고등학생 딸과, 중학생 아들을 키우는 부모입니다. 저 또한 아이들이 밥은 잘 먹고 다니는지, 어디 아픈 곳은 없는지 항상 걱정을 하죠. 특히 밥 걱정은 매일 하는 것 같아요.

제가 10대일 때는 부모님의 마음을 이해하기 어려웠어요.

부모

아비 부　어미 모

父　母

부(父)는 회초리 또는 도끼를 들고 있는 모습으로 자녀를 교육하고 가족을 지킨다는 뜻이에요. **모**(母)는 아이에게 젖을 주는 모습으로 자녀를 키운다는 뜻입니다. 부모는 자녀를 교육하고 키우는 존재입니다. 부모님이 있었기에 내가 태어나고, 성장했음을 늘 기억해야겠습니다.

늦잠을 자고 서둘러 학교에 가야 하는 그 긴박한 상황에서도 엄마는 꼭 제 아침밥을 챙겼습니다. 그러면 저는 "밥 한 끼 안 먹는다고 어떻게 돼?"라며 버릇없이 화를 냈죠. 어떤 때는 '한 숟가락만 더'를 외치는 엄마를 뒤로하고 재빠르게 도망친 적도 있었죠. 그때 엄마가 했던 말이 기억납니다.

"네가 나중에 부모가 되어보면 나의 마음을 이해할 것이다."

그러던 제가 우리 아이들에게 매일 '밥 타령'을 하고 있습니다. 어떤 때는 부모님이 했던 말과 행동을 아이들에게 똑같이 하고 있는 제 자신을 발견하고 놀라곤 하죠. 그런 걸 보면 세상의 부모는 모두 똑같은 마음인 것 같아요. 10대 시절에는 저에게

관심을 갖는 부모님이 한편으로는 많이 불편했어요. 지금 생각해보면 참 철없고, 배부른 소리죠.

군대에 입대하는 날이었습니다. 그 전날 친구들과 술을 왕창 마시고 뻗어서 자고 있었죠. 새벽 4시에 엄마가 저를 깨웠어요. 아침 9시까지 의정부에 있는 훈련소에 입대를 해야 했거든요. 엄마는 이미 그 새벽에 삼겹살을 구워 놨더라고요. 술 때문에 속이 쓰렸지만 먹지 않을 수가 없었어요.

저는 꾸역꾸역 삼겹살을 씹어 삼켰어요. 기분이 묘했어요. 비가 억수같이 쏟아지는 날이었는데, 부모님은 버스정류장 앞까지 따라와서 눈물을 보이셨죠. 차 안에서 저도 눈물을 흘렸습니다.

입대를 하고 며칠이 지났는데 김광석의 노래 〈이등병의 편지〉가 정말 와닿았어요.

집 떠나와 열차 타고 훈련소로 가는 날 부모님께 큰절하고 대문 밖을 나설 때 가슴속에 무엇인가 아쉬움이 남지만 풀 한 포기 친구 얼굴 모든 것이 새롭다. 이제 다시 시작이다. 젊은 날의 생이여!

— 김현성 작사 작곡, 〈이등병의 편지〉 중

군대 입대해서 며칠 지나니까 정말 풀 한 포기가 새롭게 보이고, 처음으로 무척 부모님이 보고 싶다는 생각을 하게 됐습니다. 그전에는 부모님과 떨어질 일이 없었으니까요. 그리고 그날 밤 부모님께 편지를 썼어요.

'길러주셔서 감사하고, 아버지, 엄마 사랑합니다.'

태어나서 처음으로 부모님께 사랑한다고 말씀드렸어요. 같이 있을 때는 몰랐던 부모님의 소중함을 군대에 가서야 알게 됐습니다. 다음 날 아침 구보를 마치고, 옆에 동기한테 부모님께 편지를 썼다고 하니까, 그가 말하더군요.

"난 열세 살 때 부모님이 교통사고로 두 분 모두 돌아가셨어. 넌 좋겠다…."

그날 동기한테 얼마나 미안하던지요. 나에게 부모님의 존재는 늘 당연한 것이었는데, 어떤 친구에게는 보고 싶어도 볼 수 없는 존재였던 거예요.

그렇게 군 하급간부로 군 생활을 했는데, 어느 날 신병이 전입을 왔습니다. 제가 신병 담당 간부라서 면담을 하기 전에 인적사항과 자기소개서를 받았습니다. 학력을 보니 서울대학교

재학 중이었습니다. 자기소개서에는 아버지를 가장 존경한다고 쓰여 있었어요. 제가 물었죠.

나   왜 아버지를 가장 존경하니?

신병   아버지는 서울시 관악구에서 청소부를 하셨는데, 어릴 때부터 새벽에 나가는 아버지를 보고 고생하신다는 생각을 많이 했어요. 그리고 아버지는 저녁 식사를 할 때 오늘 어디서 어디까지 청소했다는 말을 자주 해주셨어요. 친구들은 아버지가 청소부라고 하면 놀렸지만, 저는 아버지가 성실하고 훌륭한 청소부라는 걸 알았기 때문에 존경하는 마음을 갖게 되었습니다.

그 말을 듣고 무척 부끄러웠습니다. 중학교 다닐 때 요리사였던 아버지가 사업에 실패하고 막노동을 했는데, 저는 그런 아버지가 정말 부끄러웠었거든요. 길에서 마주치면 모른 척하기도 했었죠.

열다섯 살 때 의료사고로 하반신 장애인이 되어 3년 동안 병원에 있었던 이소희 변호사는 이렇게 말합니다.

"처음에는 친구들이 병문안도 오고 했는데, 조금 시간이 지나니까 아무도 찾아오지 않았어요. 결국 저는 친구들에게 잊혀진 사람이 되었죠. 그때 참 외로웠어요. 아픔에 몸서리칠 때 언제나 내 곁을 지켜준 사람은 부모님뿐이었습니다."

세상이 나를 등질 때도 유일하게 내 편이 되어주고, 나를 찾아 줄 사람은 부모님밖에 없다는 걸 새삼 깨닫게 됩니다.

세월이 흘러 제가 30대 후반에 아버지는 암 말기로 돌아가셨어요. 늘 제 곁에 있을 줄 알았던 아버지였는데 말이죠. 그때 삶은 죽음에 가까이 가는 과정이고, 부모님은 저보다 훨씬 더 죽음에 가까이 있다는 걸 깨달았습니다.

예전부터 아무런 느낌 없이 들어왔던 '부모님이 살아 계실 때 잘 해드려야 한다'는 말이 가슴을 울렸습니다.

진정한 친구는 내가 어려울 때 찾아주는 사람

날씨가 추워진 후에야
소나무가 푸르른 것을
알게 된다.

세한연후 지송백지후조야
歲寒然後 知松柏之後彫也

봄과 여름 그리고 가을에는 소나무가 눈에 잘 띄지 않습니다. 봄에는 매화, 벚꽃, 진달래와 같은 예쁜 꽃들이 지천으로 자라서 그렇습니다. 여름에는 온통 푸르른 나무들로 인해 소나무가 특별히 드러나 보이지 않죠. 가을에는 울긋불긋 단풍이 든 아름다운 나무들로 소나무를 잊게 됩니다.

그러다가 겨울이 와서 나무들이 겨울잠을 자느라 잎을 떨구고 앙상한 가지만 남기면, 비로소 소나무의 푸르름이 빛을 발합

세한

세	한
해	찰
歲	寒

해가 넘어갈 때, 즉 설 무렵의 추위라는 뜻으로 '한 겨울의 추위'를 표현하는 말입니다. 이 두 글자는 단독으로도 쓰이지만, 여러 사자성어에도 등장해요. **세한삼우**(歲寒三友)는 '추운 겨울의 세 벗'이라는 뜻으로 추위에 잘 견디는 소나무, 대나무, 매화나무를 가리킵니다. 추사 김정희는 유배를 가서 모든 걸 잃었지만, 끝까지 의리를 지킨 이상적에게 〈세한도〉를 그리고 선물합니다. 이상적의 변하지 않는 마음, 김정희의 고마운 마음이 합쳐져 명작을 탄생시켰습니다.

니다. 소나무는 다른 나무가 시들어버린 추운 겨울에 홀로 우뚝 서서 푸른빛으로 겨울을 지켜줍니다.

예전부터 소나무는 변하지 않는 '한결같음'의 상징이었어요. 조선 시대의 그림을 보면 소나무가 아주 많습니다. 사람들은 사시사철 푸르름을 잃지 않는 소나무를 보고 어떠한 유혹에도 흔들리지 않는 '사람의 마음'을 동경했거든요.

추사 김정희라는 이름을 한 번쯤 들어보셨을 거예요. 최고의

국보 제180호 〈세한도〉일부
1844년작, 국립중앙박물관 소장

서예가로 알려져 있죠. 김정희의 가장 유명한 작품이 〈세한도〉
입니다. 세한도는 공자가 말한 '세한연후 지송백지후조야'를
그림으로 그린 것입니다. 그래서 제목이 〈세한도〉가 된 것이죠.

김정희는 왕의 친척으로 그야말로 금수저였습니다. 아버지
김노경은 이조판서행정안전부장관를 포함해 여섯 번이나 장관직을
맡았죠. 김정희는 타고난 능력에 노력까지 더해 그 어렵다는 문
과에 급제행정고시 합격 했습니다. 이후 성균관대사성국립대 총장, 병조
참판국방부차관까지 승승장구를 했어요.

그러다가 아버지 김노경이 정치적 반대파들의 표적이 되어
서 탄핵되고, 무인도와 다름이 없는 고금도에 유배를 갑니다.

정적정치적 반대파들은 바른말을 거침없이 하는 김정희도 가만히 두지를 않아요. 억울한 누명을 씌워서 제주도로 유배를 보내 버립니다.

지금이야 제주도가 세계적인 관광지가 되었지만, 조선 시대만 하더라도 제주도 가는 길은 죽음을 무릅쓰고 가는 유배지였습니다. 김정희는 서울에서 전라도 해남까지 걸어와서 작은 쪽배를 타고 제주도로 향했습니다.

유배 가는 범죄자에게 큰 배를 내주지는 않았죠. 파도가 조금만 세도 배가 뒤집히는 위험천만한 뱃길이었어요. 관리들은 제주도에 도착한 김정희를 유배지에서 탈출하지 못하도록 가시나무에 둘러쳐진 집에 가둡니다.

그때 그의 나이 55세였습니다. 영양실조에 갖은 병으로 큰 고통을 받으며, 그 집에서 무려 8년을 갇혀 지냅니다.

왕족의 친척으로 승승장구하던 김정희의 집안은 한순간에 몰락해요. '정승집 개가 죽으면 문상객이 많이 오지만, 정승이 죽으면 문상객이 끊긴다'는 속담이 있습니다. 어떤 사람이 돈을 잘 벌고 높은 직위에 있을 때는 그 집의 개도 사람들에게 귀한 대접을 받지만, 정작 그 사람이 죽으면 아무도 찾지 않는다는 뜻입니다. 더 이상 그 사람을 이용할 수 없기 때문이죠. 김정희의 집안이 딱 그 모습이었습니다.

어느새 김정희가 유배를 간지 5년이 흘렀습니다. 잘 나갈 때는 많은 사람이 그를 따랐습니다. 그러나 이제는 언제 죽을지 모르는 유배지의 노인네일 뿐이었으니, 그를 따르던 사람들도 김정희를 욕하고 무시했어요. 그리고 그는 세상 사람들로부터 철저하게 잊혀졌습니다.

그러나 이상적은 달랐어요. 그는 외교관과 통역관을 겸하고 있었는데, 외교 업무를 위해 일 년에 몇 차례씩 중국에 가면 자신의 돈으로 김정희를 위해 귀한 책과 선물을 사서 제주도까지 보내 주었어요.

1844년 이상적은 중국에서 몇 년 동안 어렵게 수집한 《황조경세문편》 책 120권을 김정희에게 보내 주기도 했습니다. 예전에는 중국에서 물건을 사서 제주도까지 배달하는 기간만 일 년 정도가 걸렸으니 그 정성이 참으로 대단하죠. 그 고마운 마음을 어찌 잊을 수 있겠습니까.

김정희는 생애 최고의 명작 〈세한도〉를 그리고, 그림 옆에 고마운 마음을 글로 써서 이상적에게 선물합니다. 김정희가 쓴 글을 함께 읽어 보겠습니다.

지난해에는 만학과 대운 두 책을 보내 주더니 올해에는 우경의 '문편'을 보내왔군요. 이 책은 세상에 흔히 있는 것이 아니고, 중국의 천만리 먼 곳으로부터 사 와야 하는 것입니다. 그것도 여러 해가 걸려야 비로소 얻을 수 있는 것으로 단번에 쉽게 손에 넣을 수 있는 것이 아닙니다.

게다가 세상은 흐르는 물살처럼 오로지 권세와 이익에만 수없이 찾아가서 부탁하는 것이 현실이죠.

그런데 그대는 많은 고생을 하여 겨우 손에 넣은 그 책들을 권력가에게 주지 않고 바다 바깥에 있는 초라한 나에게 보내 주었습니다. 공자께서 말씀하시기를 "날이 차가워진 뒤에야 소나무와 측백나무가 늦게 시든다는 것을 알게 된다"하셨는데 지금 그대와 나의 관계는 유배를 와서도 변함이 없습니다.

〈세한도〉를 받은 이상적은 김정희에게 답장을 보냈어요.

세한도 한 폭을 받아 읽으니 눈물이 흘러내림도 깨닫지 못했습니다. 너무나 분수에 넘치게 칭찬해 주셨으며 감개가 진실하고 절절했습니다. 이 그림을 갖고 중국 연경베이징에 가서 표구하여 옛 친구들께 보이고 시문을 청할까 하옵니다.

실제 이상적은 〈세한도〉를 가지고 연경에 가서 청나라 문인 16명에게 그림을 선보였어요. 그들은 〈세한도〉를 보고 감동하여 각자 한 편씩 총 16편의 시를 써주었습니다. 이상적은 이것을 책으로 만들어 귀국한 뒤에 김정희에게 보여 주었습니다.

진정한 친구는 내가 어려움에 처해 있을 때 도와주는 친구입니다. 내가 잘못하여 세상의 모든 사람이 나를 비난할 때도 나를 찾아주는 친구입니다.

당신에게는 그런 친구가 있나요? 혹시 없다면 먼저 그런 친구가 되어주는 건 어떨까요? 그러면 그 친구에게 당신은 영원히 잊지 못할 소중한 존재가 될 거예요.

참된 친구를 사귀는 방법

나에게 도움이 되는 친구가 셋이 있고,
손해가 되는 친구가 셋이 있다.
친구가 정직하고, 친구가 성실하고,
친구가 견문이 많으면 도움이 되는 친구다.
친구가 편벽하고, 친구가 너무 아첨하여 부드럽고,
친구가 말만 너무 잘하면 손해가 되는 친구다.

익자삼우 손자삼우 우직 우량 우다문 익의
益者三友 損者三友 友直 友諒 友多聞 益矣

우편벽 우선유 우편녕 손의
友便辟 友善柔 友便佞 損矣

제 인생에는 여러 친구가 있었습니다. 돌이켜보니 초중고교 친구, 대학교 친구, 군대 친구, 직장 친구가 있었네요. 인생의 시기마다 자연스럽게 친구를 만나서 놀고, 싸우고, 화해하면서 마음을 주고받았습니다.

중학교 때 5킬로미터가 넘는 독서실을 같이 걸어 다니던 친구, 고등학교 때 대구에서 경주까지 자전거 여행을 함께한 친구, 고등학교를 졸업하고 군입대 준비를 할 때 한 달 동안 함께 산

우

벗 우

友

'친구'라는 뜻의 글자로 '우정',' 우애', '우의' 등 수많은 단어에 사용됩니다. 같은 학교를 다니는 친구를 가리키는 '교우' 역시 '학교 교(友)'자와 '벗 우'자가 합쳐진 단어죠.《논어》의 이 구절에서 '**우**'는 단순히 친구를 넘어서 한 사람의 성장에 영향을 미치는 사회적 관계를 의미해요. 어떤 유형의 친구를 선택하느냐가 개인의 발전에 크게 영향을 미칠 수 있음을 강조하는 것입니다.

친구, 여자친구한테 차였을 때 위로해 주던 친구, 군입대 전날 함께 술 마셔준 친구, 신병훈련소 수료식 때 멀리까지 면회를 와 준 친구, 직장에 취직했을 때 축하해 준 친구, 결혼식과 아이들 돌잔치 때 지방에서 올라와 박수 쳐주던 친구, 직장에서 상처받아 자존감이 바닥일 때 서로 위로해 주는 친구….

인생의 중요한 순간에는 늘 친구들의 위로와 환호가 있었습니다. 때로는 친구와 싸우고, 비난으로 힘들기도 했지만 그건 내 마음을 튼튼하게 해주는 예방주사였습니다.

친구는 싸우면서 끈끈해지는 특수한 관계입니다. 인생의 위기가 닥쳤을 때 그런 친구들의 진심 어린 조언과 도움으로 위기를 돌파한 적도 있었습니다.

친구들과 함께 했던 순간들이 합쳐져서 지금 저의 인생을 이루고 있습니다.

시간이 흐르면서 친구들은 하나둘씩 떠나가고 이제 그 빈자리는 가족이 대신합니다. 그러나 채워지지 않는 마음의 빈 공간이 있습니다. 그 공간은 여전히 친구들이 채워주고 있죠. 친구와 가족은 엄연히 다른 것이니까요.

세상에는 다양한 형태의 친구들이 있습니다. 어떤 친구들은 힘을 합쳐 세상을 한순간에 변화시키기도 했습니다. 스티브 잡스와 스티브 워즈니악이 그런 친구입니다.

워즈니악은 친구로부터 전자제품에 관심이 많은 독특한 고등학교 후배인 잡스를 소개받습니다. 어느 날 워즈니악은 구형 텔레비전에 연결된 조잡한 컴퓨터 애플1one을 잡스에게 보여줍니다. 잡스는 이 물건이 돈이 될 거라고 생각하죠. 그리고 당시 최고의 기술 기업이었던 HP휴렛패커드에 다니던 워즈니악을 설득해요.

결국 워즈니악은 회사를 그만두고, 1976년 잡스의 차고지에서 함께 '애플'을 창업합니다. 둘을 소개한 빌 퍼낸데즈는 훗날 애플의 1호 직원이 되죠.

잡스는 경영과 마케팅을 책임진 CEO였고, 워즈니악은 엔지니어로서 모든 애플 제품을 직접 설계하고 제작했습니다. 친구와 동업은 수많은 갈등을 일으켜 대부분 끝이 좋지 않죠. 특히 부드러운 성격의 워즈니악과는 달리 잡스는 불같은 성격에다 굉장히 이기적이었습니다.

둘은 달라도 너무 달랐습니다. 워즈니악이 만든 제품에 잡스는 사사건건 간섭을 해서 많이 싸웠죠. 이 소식을 듣고 어느 날 워즈니악의 아버지가 찾아와 잡스에게 비난을 퍼부었어요.

"너는 제품설계, 개발, 제작, 디자인 어느 것 하나 할 줄 아는 게 없으면서 왜 혁신가로 행세해? 너는 돈을 가져갈 자격이 없어. 아무것도 만들고 있지 않잖아? CEO가 되기 이전에 사람부터 먼저 돼라!"

잡스는 너무 분해서 눈물을 흘립니다. 그리고 화가 나서 "이제부터 버는 돈은 워즈니악 네가 다 가져가라"고 말하죠. 워즈니악은 잡스를 위로하고 "돈은 공평하게 나누자"고 합니다. 그리고 아버지 대신 잡스의 편에 섭니다.

둘은 애플2 개발에 박차를 가합니다. 그런데 개발을 완료할 시점에 잡스가 또 지적을 해요. 워즈니악이 메인보드 확장 슬롯을 여덟 개를 만들어야 한다고 주장하자, 잡스가 "단순함이란 정교함이 궁극에 달한 거야. 더 이상 뺄 것이 없을 때가 완전한 제품인 거야!"라고 한 거죠. 워즈니악은 화가 나서 "그럼 네가 만들든가!"라고 소리치고 문을 박차고 나가 버립니다.

치열한 싸움 끝에 탄생한 애플2는 약 600만 대가 팔리며 전 세계에 개인용 컴퓨터PC 시대를 활짝 엽니다. 그리고 둘은 스마트폰 개발을 시작해요. 잡스는 제품 디자인을 맡고, 워즈니악은 핵심 기술을 개발합니다.

그때도 둘은 정말 많이 싸웠답니다. 그렇게 다투면서 타협점을 찾아나간 끝에, 2007년 세계 첫 스마트폰 '아이폰'이 탄생합니다. 이후 아이폰은 인류의 디지털 혁명을 선도하였고, 나아가

AI혁명으로까지 이어지게 되죠.

잡스는 워즈니악에 대해 이렇게 말했어요.

"그는 역사상 최고의 천재 개발자이다."

워즈니악은 다음과 같이 잡스를 평가했죠.

"내가 일개 연주자라면 잡스는 위대한 지휘자이다."

둘 중 한 명이라도 없었다면 아이폰은 등장하지 못했을 거예요. AI혁명 또한 한참 더 늦춰졌을 가능성이 큽니다.

《플루타르코스 영웅전》의 저자 플루타르코스고대 그리스의 역사가는 이렇게 말합니다.

"내가 끄덕일 때 똑같이 끄덕이는 친구는 필요 없다. 그런 건 내 그림자가 더 잘한다."

친구를 통해 우리는 자신을 보완하고, 더 성장할 수 있습니다. '좋은 친구 한 명을 사귀면, 그 친구를 통해 좋은 사람 열 명이 따라온다'는 말이 있습니다.

진정한 친구를 얻고 싶나요?

가장 확실한 방법은 내가 먼저 마음을 열고 친구가 되어 주는 것입니다.

정현종은 시 〈방문객〉에서 "사람이 온다는 것은 어마어마한 일이다"라고 썼습니다. 왜냐하면 "한 사람의 일생이 오기 때문"이라는 거죠. 여러분도 이 시를 찾아서 읽어 보세요. 그리고 친구의 진정한 의미를 다시 한번 새겨 보면 좋겠습니다.

그런 선생님 또 없습니다

덕행으로는 안연, 민자건, 염백우,
중궁이 뛰어났고, 언변은 재아와 자공이 뛰어났고,
정사에는 염유와 계로가 뛰어났고,
문학에는 자유와 자하가 뛰어났다.

덕행, 안연, 민자건, 염백우 중궁, 언어, 재아, 자공,
德行、顏淵·閔子騫·冉伯牛·仲弓。言語、宰我·子貢。

정사, 염유, 계로, 문학, 자유, 자하
政事、冉有·季路。文學、子游·子夏。

공자는 제자들의 성격은 물론, 각각 어떤 분야에 재능이 있는지를 꿰뚫고 있었습니다. 그리고 제자들의 특성에 따라 맞춤형으로 교육을 해주었어요. 공자는 교육을 통해 제자들의 잠재력을 극대화했고, 그 결과 수많은 인재가 탄생했습니다.

공자가 이렇게 제자들을 키워낸 덕분에 그의 사후에도 유교 사상은 세상에 전파될 수 있었습니다. 예를 들어볼까요. 공자의 제자인 증자는 공자의 손자 공급을 가르쳤어요. 공급은 증자에게

언어

말씀 언　말씀 어

言　語

'말'을 의미하는 두 글자가 합쳐진 '언어'는 인류가 사용하는 다양한 말의 형태와 구조를 포함해서, 의사소통의 수단을 아울러 표현하는 단어예요. 이 구절에서는 언변이라는 의미로 쓰였는데, 언변이란 '말을 하는 능력', '유창한 말솜씨'를 뜻해요. 즉, **'언어'**라는 단어에는 단순히 정보를 전달하는 '말'뿐만 아니라, 사람들 사이에 소통하고 설득하고 사회적으로 상호작용하는 도구란 뜻도 들어있는 것이죠.

공자의 사상을 배우고, 자신의 철학을 완성해 사서 중 하나인 《중용》을 집필합니다. 그리고 공급의 제자가 맹자를 제자로 삼아 공자의 사상을 다시 전수하죠. 이처럼 공자의 사상은 릴레이처럼 제자들을 통해서 2,500여 년간 이어졌고, 오늘날 동양문명의 근간이 되었습니다.

　세계 최고의 베스트셀러인 《논어》도 제자들이 없었다면 세상에 나올 수 없었죠. 《논어》는 공자의 가르침을 제자들이 책으로 만든 합작품입니다. 제자들은 공자를 만나서 불멸의 책인 《논어》를 쓰는 영광을 누렸습니다. 그 스승에 그 제자들입니다.

좋은 선생님은 좋은 제자를 길러내는 걸 최고의 보람으로 여깁니다. 공자가 좋은 선생님이었다는 것을 제자들이 《논어》로 입증한 셈입니다.

좋은 선생님을 만나서 인생이 변화된 사람들이 많습니다. 저는 국민 요리사 백종원의 아버지, 백승탁 선생님의 이야기가 감명 깊었습니다.

그는 예산고등학교에 재직하던 중, 부모를 일찍 여의고 소년 가장으로 어린 동생들을 보살피던 김홍일이라는 학생을 만나게 됩니다. 그 학생은 고등학교에 진학했지만 가정형편이 어려워 더 이상 학교를 다닐 수 없었어요. 백승탁 선생님은 3년 동안 그 학생을 자기가 살고 있는 집에서 지내게 했어요. 그리고 장학금을 줘서 학업을 마칠 수 있도록 도왔습니다.

이후 김홍일은 선생님의 지원으로 최선을 다해 공부했고, 충남대학교 법학과에 전액 장학생으로 입학합니다. 그리고 사법시험에 합격해 검사가 되었어요.

김홍일은 선생님의 고마움을 잊지 않고, 자기처럼 어려운 학생들을 위해 예산고등학교에 장학금을 정기적으로 후원하고 있다고 해요. 선생님께 받은 것을 후배들에게 돌려주는 것이죠.

돌아보면 저에게도 좋은 선생님들이 있었습니다. 초등학교 때는 4학년 선생님과 6학년 선생님이 기억에 남습니다.

4학년 선생님은 체육시간에 달리기를 잘하는 저를 눈여겨보시고, 농구부에 추천을 해주었습니다. 농구부 감독님이 불러서 달리기 시험을 보았어요. 최선을 다해 달려서 1등을 했습니다. 그러나 농구에서 가장 중요한 키가 작아서 농구부에 들어가지는 못했어요.

그런데 하나도 서운하지가 않았습니다. 오히려 저를 믿고 추천해준 선생님께 미안한 마음이었죠.

6학년 선생님과는 몇 번 말도 나눠보지 못했지만, 선생님께서 가르쳐주신 체계적인 글쓰기가 제 인생에 큰 영향을 끼쳤습니다. 그전까지는 어떻게 글을 시작하고, 끝을 맺어야 하는지 전혀 몰랐거든요. 선생님은 글쓰기의 중요성과 함께 서론, 본론, 결론을 쓰는 방법에 대해 자세히 알려주셨어요.

덕분에 글쓰기에 대한 흥미를 갖고 자신 있게 글을 쓸 수가 있었습니다. 제가 지금 책을 쓰는 데 큰 도움을 주신 셈이죠. 감사합니다! 선생님.

중학교 3학년 때의 선생님도 잊을 수 없습니다. 가정형편으로 인문계가 아닌 특성화고를 선택할 때 진심 어린 조언을 해주셨어요. 사춘기 때라서 철없는 행동을 많이 했는데, 그때마다 질책이 아닌 따뜻한 말로 가르침을 주셔서 많은 성찰을 할 수 있었습니다.

그리고 성인이 되어서 인생의 터닝포인트가 되는 선생님을 만납니다. 바로 최운실 교수님으로, 저의 박사지도교수였습니다. 박사지도교수란 박사논문을 지도하는 교수를 뜻해요. 박사지도교수의 허락이 없으면 박사학위를 받을 수 없기 때문에 학생 입장에서는 매우 중요한 사람입니다.

제가 박사논문을 한창 준비할 때였습니다. 그런데 갑자기 최운실 교수님이 '국가평생교육진흥원'의 원장으로 임명되어 3년 동안 학교를 떠나게 되었습니다. 덩달아 논문을 쓰던 저도 3년간은 논문 쓰기를 멈춰야 했습니다. 그 말은 3년간 박사학위를 못 받는다는 거죠. 눈앞이 캄캄했지만 어쩔 수 없었죠.

그런데 교수님께서는 바쁜 일정 속에서도 저와 같은 학생들을 배려해 3년 내내 매주 토요일과 일요일에 학교에 와서 논문을 지도해 주셨습니다. 저희 때문에 3년 동안 휴일에 쉬지도 못하신 거죠.

박사논문은 교수님께 아무리 훌륭한 지도를 받더라도 결국은 학생 스스로가 써야 합니다. 저는 군 생활을 하면서 박사논문을 준비했던 터라 몇 번이고 포기하고 싶은 생각이 들 정도로 힘들었습니다.

교수님은 그럴 때마다 '넌 할 수 있다'고 응원해 주셨어요. 그리고 박사논문 심사 전날에는 새벽까지 전화통화를 하면서 논문지도를 해주셨습니다. 제 박사논문 첫 장은 '감사의 글'인데, 그날 새벽에 교수님께서 들려주신 말씀으로 시작합니다.

"내가 지금 이렇게 날카롭게 지적을 하는 것은 심사위원들로부터 너를 보호하기 위해서다. 이렇게 힘든 과정을 거쳐야 박사로서의 성찰이 있는 거야."

지금 생각해 보니 저란 사람은 여러 선생님의 가르침의 총합으로 만들어졌습니다. 제가 선생님들께 받은 가르침으로 이제는 제가 대학에서 제자들을 가르치고 있습니다.

우리나라의 거의 모든 선생님은 교사가 되기 전에 오천석 1901~1987년, 교육학자의 〈교사의 기도〉를 읽으며 좋은 선생님이 되길 기도합니다.

그 글을 함께 읽으면서 오늘 하루쯤은 선생님들의 마음을 헤아려보고 감사한 마음을 가지면 어떨까요?

교사의 기도

오천석

저에게 이 세상의 하고많은 일 가운데서, 교사의 임무를 택하는 지혜를 주심에 대하여 감사합니다. 그러나 저는 저에게 맡겨진 이 거룩하고도 어려운 과업을 수행하기에는 너무도 무력하고 부족하며 어리석습니다. 힘에 지쳐 넘어질 때, 저를 붙들어 일으켜주시고 스며드는 외로움에 몸부림칠 때, 저의 따뜻한 벗이 되어주시며 휘몰아치는 슬픔에 흐느낄 때, 눈물을 씻어 주시옵소서. 제가 하고 있는 일에 의혹을 느낄 때, 이를 극복할 수 있는 총명과 예지를 주시옵소서!

제가 맡고 있는 교실이 사랑과 이해의 향기로 가득 차게 하여 주시고 이로부터 채찍과 꾸짖음의 공포를 영원히 추방하여 주옵소서. 모른다고 꾸짖는 대신에 동정으로써 일깨워 주고 뒤떨어진다고 억지로 잡아끄는 대신에 따뜻한 손으로 제 걸음을 걷게 하여 주시옵소서.

저에게 힘과 용기를 주시어 이 십자가를 능히 질 수 있게 하여 주시고 저를 도우시어 긍지를 느낄 수 있는 스승이 되게 하여 주십시오!

과감히 관계를 끊어라 : 끈기보다 끊기

가는 길이 다르면
함께 일을 도모하지 말라.

도부동 불상위모
道不同 不相爲謀

인생을 살아보면 끈기를 발휘할 때가 있고, 끊기를 해야 할 때가 있습니다. 저는 '끊기'를 제대로 하지 못해서 시간과 열정을 낭비한 적이 많았습니다.

중학교 때는 나쁜 친구를 사귀고 끊지를 못한 적이 있었어요. 어느새 저는 다른 친구들에게 나쁜 친구로 소문이 났고, 좋은 친구들은 저를 떠나갔어요. 한번 제 곁을 떠나간 친구는 다시 오지

도

길 도
道

길 **도**(道) 자는 말 그대로 우리가 걷는 '길'을 뜻하기도 하고, '방법'을 의미하기도 합니다. 사람들이 어떻게 생각하고 어떤 원칙을 따르는지와 관련이 있죠. 친한 친구라도 서로 좋아하는 분야가 다를 수 있듯이, 사람마다 각자 세상을 보는 방식이나 중요하게 생각하는 것들이 다르기 마련입니다. 당연히 서로 이해하고 존중해야 하지만, 그 또한 너무 많이 다르다면 함께 무언가를 계획하고 실행하기가 어렵겠지요?

않았죠. 그때 막연하게나마 끊어야 할 때 머뭇거리면 큰 낭패를 본다는 걸 느꼈습니다.

강원도에 살다가 서울로 이사 온 지 얼마 되지 않았을 때가 생각나네요. 어느 전철역 입구에서 어떤 아주머니 두 명이 제게 말을 걸었습니다.

아주머니   좋은 기운이 느껴집니다.
나   예? 제가요….

아주머니　큰 복이 있어서 죽을 고비가 생겨도 살 수 있는 기운이 있네요.

나　　　　(입꼬리가 올라가며) 정말요?

아주머니　차라도 한잔 마시면서 자세하게 얘기해 드릴게요.

저는 호의적으로 다가온 그분들을 끊지 못하고 머뭇거리다 따라갔습니다. 그들은 저를 어느 건물에 데려갔고, 문을 열고 들어가니 함박웃음을 지으며 맞이하는 분들이 있었죠. 그곳은 누가 봐도 사이비 종교시설로 보였어요.

저는 재빨리 도망치듯 나왔습니다. 하마터면 큰일 날 뻔했었네요. 나중에 〈그것이 알고 싶다〉 TV프로그램을 보다가 그렇게 사이비종교에 빠져드는 사람이 많다는 걸 알게 되었습니다.

보이스피싱도 그런 경우죠. 지금도 수많은 사람이 보이스 피싱에 속아서 막대한 피해를 보고 있습니다. 최근에는 서울대학교 교수가 10억 원의 피해를 당했다는 뉴스가 나와서 많은 사람을 놀라게 했습니다. 직감적으로 이상하다고 느낄 때는 과감히 끊고 나와야 합니다.

스물다섯 살 때였습니다. 저와 친하게 지냈던 군대 선배가 전역 후 저를 찾아왔습니다. 반가운 마음에 함께 차를 마시면서 여러 이야기를 나눴습니다. 그리고 선배는 '좋은 곳을 소개해 줄 테니 함께 가자'고 말했습니다.

강남의 고층빌딩이었는데, 사무실에 들어갔더니 한 분이 다가와 '큰돈을 버는 방법을 알려주겠다'고 하는 것이었어요. 느낌이 이상하면서도 솔깃했죠. 선배를 믿었으니까요.

한참 이야기를 들어보니 '100만 원어치 물건을 사면 200만 원을 벌 수 있다'고 했습니다. 그분은 그럴듯한 말로 저를 설득했습니다. 무엇보다 제가 믿고 있던 선배도 '그렇게 돈을 벌었다'고 옆에서 말하길래 현장에서 신용카드로 100만 원어치 물건을 구입했습니다.

그리고 집에 와서 찝찝한 마음에 곰곰이 생각해 보니, 바로 말로만 듣던 전형적인 '다단계 판매'라는 걸 깨달았죠.

망치로 머리를 한 대 맞은 것 같았어요. 다음날 바로 결재 취소를 하고, 선배에게 문자 메시지를 보냈습니다.

"선배님께서 다단계에 빠지신 것 같습니다. 그곳에서 얼른 빠져나오세요. 정말 걱정되네요."

이후 선배는 저에게 계속 전화를 했지만 저는 받지 않았습니다. 그 사건 이후 선배와의 인연은 완전히 끊어졌습니다. 제가 그때 '끊기'를 못했다면 저 또한 다단계 사기꾼이 되었을 수도 있겠죠.

시간이 지나서 듣게 된 그 선배의 소식은 충격적이었습니다. 그동안 모았던 돈을 모조리 사기당한 것은 물론이고 저와 친했던 선후배들도 많은 피해를 입었다는 것이었죠.

그때 깨달았습니다. '쉽게 큰돈을 벌 수 있다고 다가오는 사람', '별다른 이유 없이 칭찬을 하고 호의적으로 다가오는 사람', '겉과 속이 달라서 겉으로는 잘해주면서 나를 이용하려고 하는 사람'과의 관계는 머뭇거릴 것이 아니라 '과감하게 끊어야 한다'는 걸 말이죠.

인생을 살아보면 반드시 그런 친구와 사람들을 만나게 됩니다. 그때 제 말을 꼭 기억하세요.

최근에 저는 '스마트폰 끊기'를 실천하고 있습니다. 스마트폰 사용 시간이 늘어나면서 거기에 빠져 시간 가는 줄도 모르고 무의미한 시간을 보내기 일쑤였거든요.

어느새 스마트폰 보기는 습관이 되어 버렸습니다. 아침에 일어나면 가장 먼저 스마트폰을 검색하며 하루를 시작하고, 틈만 나면 스마트폰을 꺼내는 자신을 발견하게 되었죠. 스마트폰을 오래 쓰면 빨리 피곤함을 느끼고, 멍해지는 걸 자주 경험했어요. 스마트폰은 '제 일상의 가장 큰 방해꾼', '시간 먹깨비'가 되었습니다.

요즘 저는 아침에 일어나면 스마트폰을 찾지 않고, 물을 한 잔 마시고, 스트레칭을 합니다. 통화를 하거나, 메시지를 보내야 할 때를 빼고는 제 눈에서 스마트폰을 치웠습니다.

그 결과 스마트폰에 버린 시간은 오롯이 제 시간이 되어 주었습니다. 그리고 멍했던 기분도 사라졌죠.

덕분에 책을 읽거나 운동을 하는 등 더 의미 있는 활동에 시간을 투자할 수 있게 되었습니다. 스마트폰 끊기를 실행한 후, 삶의 질이 높아졌고, 더 건강한 정신 상태를 유지하고 있어요.

작은 변화가 제게 얼마나 큰 영향을 미쳤는지 매일 실감하고 있답니다.

이처럼 불필요한 관계나 습관을 끊는 것은 우리의 삶을 더 풍요롭게 만듭니다.

내가 하기 싫은 일은 남에게 시키지 마라

자공이 물었다.
"평생토록 실천할 말이 있을까요?"
공자가 말했다.
"내가 하기 싫은 일은 남에게도 시키지 말아야 한다."

자공문왈 유일언이가이종신행지자호
子貢問曰 有一言而可以終身行之者乎

자왈 기서호 기소불욕 물시어인
子曰 其恕乎 己所不欲 勿施於人

내가 하기 싫은 건 다른 사람도 하기 싫습니다. 내가 힘든 건 다른 사람도 힘들다고 느낍니다. 가끔 우리는 그걸 잊고 살죠. 집에서, 학교에서, 직장에서 그 사실을 잊고 친구에게, 부모님에게, 직장동료에게 내가 하기 싫은 걸 요구합니다. 그게 반복되면 사람들은 나를 떠나고, 관계는 깨집니다.

저는 집에서 아이들을 위해 설거지를 자주 합니다. 주말에는

기소불욕
물시어인

자기 기	바 소	아닐 불	하고자할 욕
己	所	不	欲

말 물	베풀 시	어조사 어	사람 인
勿	施	於	人

'내가 하기 싫은 일은 남에게도 시키지 말라'는 뜻이에요. 자기가 싫어하는 것은 다른 사람도 싫어할 거라고 생각하고, 그런 행동을 하지 말자는 거죠. 예를 들어, 만약 어떤 사람이 당신을 무례하게 대해 기분이 상했다면, 당신도 다른 사람에게 무례하게 굴면 안 된다는 의미입니다. 이 원칙을 따르면 서로 존중하고 더 좋은 관계를 유지할 수 있습니다.

워낙 유명한 문구이니 조금 길더라도 8자를 소리 내어 읽어보고, 마음에 새기는 것은 어떨까요?

냄새나는 음식쓰레기도 갖다 버리죠. 그러나 우리 아이들은 모를 겁니다. 아빠가 그걸 무척 귀찮아하고, 싫어한다는 걸 말이에요. 당신의 부모님도 매일 설거지를 하고, 음식쓰레기를 갖다 버릴 겁니다. 그걸 좋아서 하는 사람은 아무도 없습니다. 내 가정을 위해서, 내 아이를 위해서 하는 거죠. 내가 하기 싫은 걸 매일 대신해 주는 부모님을 위해 가끔은 도와드리면 어떨까요?

도산서원 앞 '추로지향' 비석.
'경신년 12월 8일, 도산서원에 와 퇴계 선생 신위에 배알하고
남기신 규칙을 읽고 깨달음을 얻어 늦게나마 돌에 새기다'라고 쓰여있다.

얼마 전에 들었던 퇴계 이황의 이야기는 저에게 큰 울림을 주었습니다. 퇴계가 은퇴하고 세운 도산서원 앞에는 '추로지향'이라는 비석이 있습니다.

추로지향은 맹자의 고향인 추나라와 공자의 고향인 노나라를 퇴계가 있는 도산서원으로 옮겨왔다는 뜻입니다. 영광스러운 말이죠.

이 비석은 1981년에 공자 77대 종손 공덕성 씨가 도산서원을 방문하고 직접 남긴 글로 세웠습니다.

1981년이면 중국에서는 문화 대혁명으로 공자와 맹자의 무덤이 파헤쳐지고, 모든 문화유산이 파괴된 직후입니다. 공자의 후손은 중국에서 동양 유교가 흔적도 없이 사라져, 이제 한국의 도산서원이 공자와 맹자의 정신적 고향이 되어주기를 원했습니다.

퇴계는 공자의 유교 사상을 재해석하고 집대성하여 체계적으로 완성하였습니다.

그는 전 생애에 걸쳐 아들 이준에게 516통의 편지를 보냈어요. 현재 보존되어 있는 편지가 516통이니까 실제로는 훨씬 더 많았을 것입니다. 퇴계는 아들뿐만 아니라 손자 안도에게도 153통의 편지를 남겼습니다. 아들과 손자에게 편지를 많이 쓴 이유는 아들이 일찍 결혼해 함께 살지 않았기 때문입니다.

퇴계 집안에는 367명의 노비가 있었습니다. 많이 놀라셨죠. 당시 조선 인구의 80퍼센트 이상이 노비였습니다. 세종대왕의 다섯째 아들 광평대군과 여덟 번째 아들 영응대군은 1만 명 이상의 노비가 있었죠. 사회시스템이 그러했으니 그들을 비난하기는 어렵습니다.

양반들이 노비를 둔 이유는 자신이 하기 싫은 일을 대신시키기 위해서죠. 퇴계가 위대한 것은 노비에게도 '자신이 하기 싫은 일은, 시키지 않았다'는 데 있습니다. 그는 노비에게 좋은 집을 지어주고, 차별을 하지 않았습니다. 말로만 유교를 강조한 것이 아니라 평생 인의예지 사상을 몸소 실천한 사람이었습니다.

어느 날 서울에 살던 손자 안도가 할아버지인 퇴계에게 긴급하게 편지를 보내왔습니다. 편지 내용은 손자 안도가 아들을 낳았다는 것이었습니다. 퇴계 집안에는 자녀가 별로 없었기 때문에 퇴계는 그 소식을 듣고 너무나 기뻐 '창양'이라는 이름까지 직접 지어 주었죠.

두 달 후 다시 안도에게 편지가 왔는데 이런 내용이었습니다.

할아버지, 아내가 아이를 낳고 몹시도 몸이 상해서 젖이 나오지 않습니다. 지금 창양이가 젖을 먹지 못해 병에 걸렸고, 위험한 상태입니다. 제가 듣기로 최근에 여종여자 노비 학덕이가 아이를 출산했다고 들었습니다. 그 여종을 서울로 올려보내서 젖을 좀 먹이게 도와주세요.

퇴계는 안도에게 답장을 보냈습니다.

창양이가 병을 앓던 과정을 소상히 적어 놓았더구나. 마치 눈으로 직접 보는 듯해서 너무도 가슴이 아프다. 네 아내가 너무 애통해 하다가 큰 병이나 나지 않을까 몹시 걱정이 된다. 젖을 먹일 여종 이라도 급히 보내 달라고 한 것은 충분히 이해를 한다. 그러나 그 젖을 먹일 여종이 자기 아이를 내버려 두고 서울로 올라가면 그 아 이는 어떻게 되느냐? 그런 일은 사람으로서 차마 못하겠구나.

그리고 한 달이 지나, 다시 퇴계에게 안도의 편지가 도착했 습니다. 퇴계는 편지를 열어보고 오랫동안 조용히 눈물만 흘렸 습니다. '창양이가 죽었다'는 소식이었습니다.

퇴계는 한동안 아주 고통스러운 시간을 보냈죠. 시간이 흘러 마음을 추스르고 안도에게 위로의 편지를 보냈습니다. 그리고 마지막에 이렇게 썼습니다.

창양이가 살아 있던 그 시간으로 되돌아간다 해도 나의 생각에는 변함이 없다.